SOCIÉTÉ DES ARTISTES INDÉPENDANTS

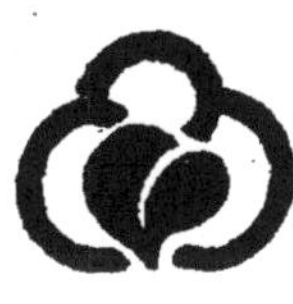

CATALOGVE
DE LA
31ᵐᵉ EXPOSITION

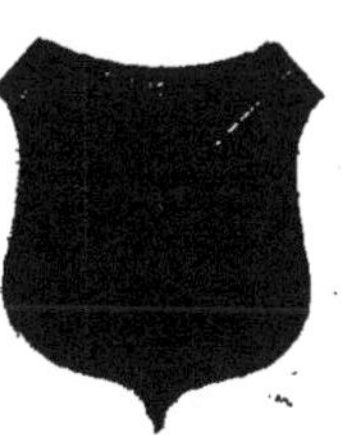

19 20

SOCIÉTÉ

des

"ARTISTES INDÉPENDANTS"

Fondée en 1884

31ᵉ EXPOSITION

AU

GRAND PALAIS DES CHAMPS-ÉLYSÉES

(Avenue d'Antin)

du **28 Janvier** au **29 Février**

de **9** heures à **6** heures

°1920°

ACADÉMIE NOUVELLE

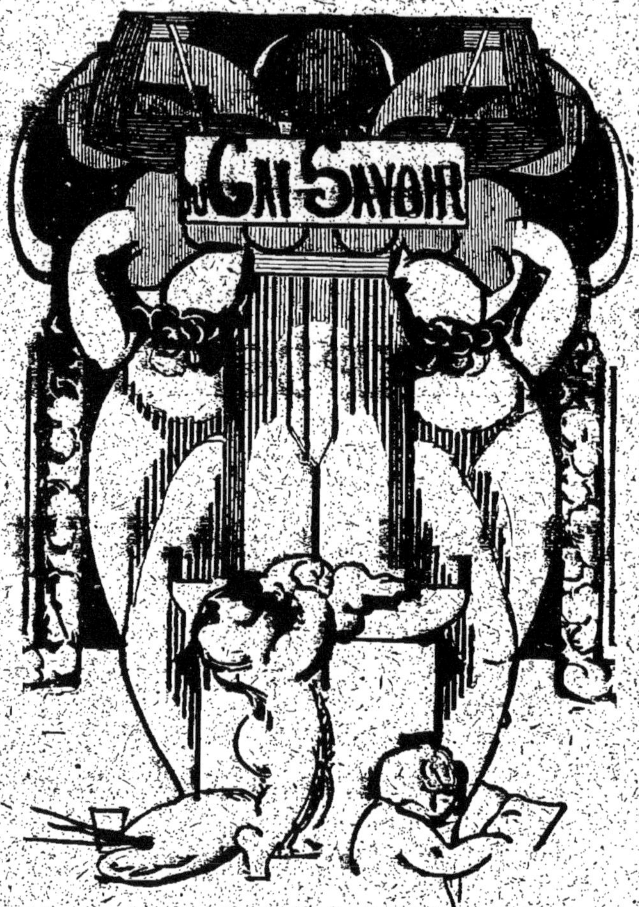

13, Rue du Dragon (VIᵉ)

PEINTURE

André LHOTE

ART DÉCORATIF

DOMERGUE-LAGARDE

SCULPTURE
(TAILLE DIRECTE)

André ABBAL

· 1884 ·

La Société des
" Artistes Indépendants "
basée sur la suppression des Jurys
d'admission, a pour but de permettre aux
Artistes de présenter librement
leurs œuvres au jugement
du Public.

- 1920 -

1914-1919

SOCIÉTAIRES
MORTS POUR LA FRANCE

BAUDOT (Emile), sculpteur, tué à Verdun, 24 mars 1916.

BAUDET (Mme Marie), peintre, tuée à Reims.

BERTEAUX (René), peintre, tué en Alsace, 19 juin 1917.

BIGOT (Charles), peintre, disparu, 15 juillet 1917.

BINARD (Jean), peintre.

BLIVES (Roger), peintre, tué à Loos, 9 mai 1915.

CARNIEL (Richard), peintre, tué en Italie, 7 juin 1915.

CARON (Georges), sculpteur, tué à Varenne, 22 septembre.

DELCOURT, peintre.

DELAUNAY (Pierre), peintre, tué à Toutvent, 7 juin 1915.

DELUC (Gabriel), peintre, tué à Souain, 15 septembre 1916.

DESTREM (Jean), peintre, tué à Saint-Mihiel, 28 septembre 1914.

DOUCET (Henri), peintre, tué à Hooge, Yser, 4 mars 1915.

DUCHAMP-VILLON (Raymond), peintre, mort en 1918.

ESMEIN (Maurice), peintre, tué au Mont-Sans-Nom, 4 fév. 1918.

FILLEY (Georges), peintre.

FLORÈS (Ricardo), peintre, mort le 20 octobre 1918.

FONTENAY (Charles de), peintre, tué en Champagne, 10 janvier 1916.

FOURNIER (Marcel), peintre.

GEORGET (Henri), peintre, tué à Vauquois, 3 mars 1915.

GOOD (Charles), peintre, tué à Méricourt, 17 décembre 1917.

GUÉDON, peintre.

GUIET (Jean), peintre.

JOURDAIN-LEMOINE (André), peintre, disparu, Reims, 29 mai 1918.

LEDERER (Jacques), peintre, tué à Chavonne, 20 avril 1917.

LOCQUIN (Maurice), peintre, tué en Alsace, 23 juin 1915.

MARTIN (Albert), peintre, tué en novembre 1914.

MONTALBAN (Jean), peintre, mort le 24 mai 1918.

NICOD (Eugène), peintre, tué en Alsace le 26 décembre 1914.

PICHON (Alfred), peintre, mort, 9 août 1918.

PÉGOT-OGIER (Jean), peintre, tué près d'Attichy, 2 octobre 1915.

SCHNERB (Jacques), peintre, tué à Ablain-St-Nazaire, 23 mai 1915.

TROYEN (Michel), peintre, tué à Prunay, 14 février 1915.

VAN COPPENOLLE (Jacques), peintre, disparu au combat de Vauquois (Argonne).

SOCIÉTÉ
des
"ARTISTES INDÉPENDANTS"

MEMBRES D'HONNEUR :

BÉRARD (Léon).

BONNIER (Louis).

CHÉRIOUX (Adolphe).

COCHIN (Baron Denys).

DUFOUR (Jacques).
Décédé.

DUJARDIN-BEAUMETZ.
Décédé.

ESCUDIER (Paul).
Décédé.

GEFFROY (Gustave).

GIGUET (Honoré).

LÉON (Paul).

MARX (Roger).
Décédé.

MELLERIO (André).

MERCEREAU (Alexandre).

MITHOUARD (Adrien).
Décédé.

POIRY.

SAINCÈRE (Olivier).

SARRAUT (Albert).

SEMBAT (Marcel).

TUROT (Henri).

MEMBRES FONDATEURS en Juin 1884 :

M. DUBOIS-PILLET, décédé le 17 Août 1890.

M. Ed. VALTON, ancien Président, décédé le 27 Août 1910.

Trésorier Honoraire :

PÉRINET (Louis).

Secrétaire Honoraire :

SÉGUIN (Arsène).

COMITÉ

BUREAU :

Président :
Paul SIGNAC, 14, rue La Fontaine (16e).

Vice-Présidents :
Maximilien LUCE, 102, rue Boileau (16e).
Luc-Albert MOREAU, 15, rue du Cherche-Midi (6e).

Secrétaire général :
Charles IGOUNET de VILLERS, 77, rue Dareau (14e).

Secrétaire rapporteur :
Charles JACQUEMOT, 10, rue Seveste (18e).

Secrétaires archivistes :
Carlos REYMOND, 3, rue des Eaux (16e).
Georges SCHREIBER, 3, rue Jules-César (12e).

Trésorier :
André LÉVEILLÉ, 18, boulevard Magenta (10e).

Membres :

Paul DELTOMBE, 49, rue Beaunier (14e).

Edouard DOMERGUE-LAGARDE, 13, rue du Dragon (6e).

Dunoyer de SEGONZAC, 66, rue de Rennes (6e).

Victor DUPONT, 2, passage Dantzig (15e).

Mathurin JANSSAUD, 15, impasse du Mont-Tonnerre (15e).

Fernand LÉGER, 86, rue Notre-Dame-des-Champs (6e).

André LHOTE, 38 *bis*, rue Boulard (14e).

Jean MARCHAND, 73, rue Caulaincourt (18e).

Jean METZINGER, 121, avenue Félix-Faure (15e).

Léon PARENT, 9, rue des Apennins (17e).

André TURIN, 12, rue des Pyramides (1er).

Alexandre URBAIN, 21, quai Bourbon (4e).

Commissaire général de l'Exposition :
Mathurin JANSSAUD, 15, impasse du Mont-Tonnerre (127, rue de Vaugirard, 15e).

Secrétaire adjoint au Commissaire général :
Victor DUPONT, 2, passage Dantzig (15e).

Délégués à la Presse :
Albert GLEIZES, 15, boulevard Lannes (16e).
Carlos REYMOND, 3, rue des Eaux (16e).

Conseil juridique :
Me Gustave FORTIER, avocat à la Cour d'Appel, 22, rue Gay-Lussac (5e).
Me Eugène CAHON, avoué de 1re Instance, 25, rue Gay-Lussac (5e).

Attaché au Secrétariat et au Service de vente :
ROBERT-GAUDEFROY, 37, rue Gros (16e).

SIÈGE SOCIAL :

18, Rue Mazarine, PARIS (VIe)

Permanence tous les samedis de 2 heures à 5 heures, sauf pendant l'Exposition et les mois de juillet, août et septembre.

COMMISSION DE PLACEMENT

(1920)

Président : LADUREAU.

Secrétaire : ARNAVIELLE.

PEINTRES

MM. ALIX (YVES).
BARAT-LEVRAUX.
BAUCHE.
BELLAN-GILBERT.
BERGEVIN.
BOUDOT-LAMOTTE.
DELTOMBE.
DUNOYER DE SEGONZAC.
DUPONT (VICTOR).
GALANIS.
GLEIZES.
GROMAIRE.
HUYOT.
IGOUNET DE VILLERS.
JACQUEMOT.
JANSSAUD.
KICKERT.
LABOUREUR.
LAFOREST.
LÉGER.

MM. LE PETIT.
LEPREUX.
LÉVEILLÉ.
LHOTE.
LUCE.
MARCOUSSIS.
MOREAU (LUC-ALBERT).
OTTMANN.
PARENT.
PAVIOT.
PÉRINET.
PESKÉ.
PLUMET.
RAYMOND (CARLOS).
SABBAGH.
SCHREIBER.
SIGNAC.
TURIN.
URBAIN.
VAN DONGEN.

SUPPLÉANTS

Mlle BARBEY.
MM. BOMPARD.
BOUQUET.
COURCHÉ.
FIDRIT.
GIRAN-MAX.
GONDOUIN.
HÉLIS.

MM. HODÉ.
HOURTAL.
JAUDIN.
OLIVIER.
PETITJEAN.
SIMON.
VALTAT.
VOGELWEITH.

SCULPTEURS

MM. BOURGEOIS.
BUCHER.
DUBREUIL.

MM. LIPSITCH.
MARQUE.
POPINEAU.

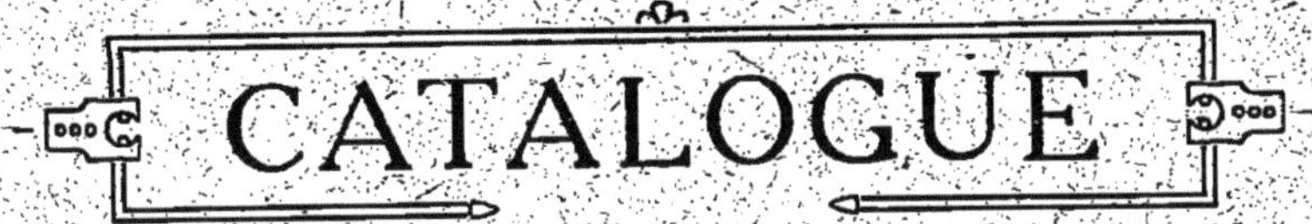

CATALOGUE

DÉSIGNATION DES OUVRAGES EXPOSÉS

AGARD (Charles), né en Dordogne. — Nesles-la-Vallée (S.-et-O.).

  1 Paysage.
  2 Etude.
  3 Fillette.
  4 Etude.
  5 Paysage.
  6 Paysage.

AGUET-WILLIAM, né à Paris. — 52, rue de Courcelles, 8º.

  7 Chemin de Croix.

AGUTTE (Mᵐᵉ Georgette), née à Paris. — 11, rue Cauchois, 18º.

  8 Port de Bordeaux.
  9 Grand pont, Bordeaux.
 ***10** La dame aux deux petits chiens.
 11 Regardant dehors par la fenêtre.
 12 Dans le jardin.

Un Bureau de Vente est installé au Secrétariat général, près de la rotonde, côté Avenue d'Antin.

Tous les renseignements nécessaires à l'achat des ouvrages et prix des œuvres y seront fournis.

L'astérisque * indique les œuvres qui ne sont pas à vendre.

AILLET (Edgard-Adrien-Jean), né à Eauze (Gers). — 2, passage de Dantzig.

13 Marguerite (pastel).
14 Nu, étude (pastel).
15 Etude (pastel).
*16 Portrait de Mme L... (sanguine).
*17 Portrait de Mme B... (sanguine).
*18 Portrait du capitaine D... (sanguine).

ALBERT (Maurice-Léon), né à Paris. — 13, rue Pierre-Levée, 11e.

19 Matinée à Chantemesle.
20 Soir à Vétheuil.
21 Avignon : les remparts.
22 Plateau de Chérence.
23 Pont au soleil.

ALDER (Emile), née à Zürich (Suisse). — 35, boul. Rochechouart, 9e.

*24 Du bleu.
25 Du jaune.
26 Du rose.
27 La tour de Montlhéry, vue de Perret-Vaucluse.
28 Jardin décoratif.
29 Jardin décoratif.

ALEXANDROVITCH (A.-J.). — 3, villa des Fleurs, Asnières (Seine).

30 Le rouge aux lèvres.
31 La bohémienne.
32 Etude d'expression.
33 Dessins.
34 L'étang.
35 L'allée ds platanes.

ALEXEM (Jean), né à Paris. — Chez M. Beau, 8, rue Nouvelle, 9e.

36 La lettre interrompue.
37 Intérieur.
38 Le goûter.
39 Brodeuse.
40 Menton. La vieille ville.
41 Au coin du feu.

*ALIX (Yves), né à Fontainebleau (S.-et-M.). — 7, rue Eugène-Flachat, 17e.

42 Les femmes aux rochers.
43 Dessin.
44 Paysage.

ANCELME (Narcisse), né à Pillon (Meuse). — 9, passage de l'Elysée-des-Beaux-Arts, 18e.

45 Le lac en septembre.
46 Le lac en octobre.
47 Le lac en août.
48 Le lac en octobre.
49 Sous-bois.
50 Le lac en juillet.

ANDERSON (Yngve), né à Christiania. — 5, rue de Bagneux, 6e.

51 L'homme aux affiches.
52 La femme regardant une fleur.
53 La petite cuisine.

ANGRAND (Charles). — 33, quai de Paris, Rouen (Seine-Inf.).

54 La maison blanche.
55 La ramasseuse de pommes.
56 Le puits.
57 L'affligée.
58 Les scieurs de bois.
59 Le soir.

ANTHONE (Armand), né à Paris. — Blanc-Mesnil-les-Sables (S.-et-O.)

60 Fère-en-Tardenois.
61 Fère-en-Tardenois.
62 Bras du Chapitre à Créteil (Seine).
63 Quelques barques à Créteil (Seine).
64 La Baignade à Créteil (Seine).
65 Château de Saint-Germain (S.-et-O.).

ANTONIAK (Félix), né à Cracovie (Pologne). — 9, rue de Médéah, 14e.

***66** Portrait de Mme R. de R., (appartient à Mlle de R..).
67 N.-D. de Pologne (bois).
68 Chevalier du roi Sobieski (bois).

ANTRAL (Guy-Robert), né à Châlons-sur-Marne. — 62, rue des Marais, 10°.

69 cadre de gravures sur bois.
70 Cadre de croquis.
71 Camaret (Finistère).
72 La promenade (Paris).
73 Montauban (le marché).
74 Douleur (étude).

ARBEY (Mlle Mathilde), née à Paris. — 14, rue de Chabrol, 10°.

75 Nature morte.
76 Premiers lilas (Bagatelle), paysage.
77 Tulipes au soleil.
78 Terrasse du Luxembourg en mai (paysage).
*79 Vieille tour d'Herbilly (Loir-et-Cher), paysage (appartient à Mme A...).
*80 Portrait (appartient à l'auteur).

ARCHIPENKO (Alexandre), né à Kiew. — 77, rue Denfert-Rochereau, 14°.

81 La femme à la toilette (sculpto-peinture).
82 Baigneuse (sculpto-peinture).
83 Deux femmes (sculpto-peinture).

ARMAND-DELEY (Jane), née au Creusot. — 17, rue Saint-Senoch,

84 Femme au turban.
85 Femme au chrysanthème.
*86 Chien berger.
*87 Chien berger.
88 Les roses.
89 Les anémones.

ARNAVIELLE (Jean), né à Paris. — 5, rue Stanislas, 6°.

90 Tolède : Entrée de la ville.
91 Tolède : Le pont d'Alcantara.
92 Tolède : La vallée du Tage.
93 Tolède : Le bain de la Cava.
94 Tolède : Pont Alcantara et château de San Cervantès.
95 Ségovie.

ARRAS (Jean-Georges), né à Paris. — 34, rue Danton, Levallois-Perret (Seine).

96 Le soir : bords de la Rance.
97 Le départ pour la pêche.
98 Goûter frugal.
99 Goûter frugal.
100 Le petit Bey, le soir.
101 Après la pluie.

ARREGUI (R.), né à Bilbao (Espagne). — 10, rue de l'Orient, 18e.

102 Têtes de caractère (types de paysans).
103 Têtes de caractère (types de paysans).
104 Têtes de caractère (types de paysans).
105 Têtes de caractères (types de paysans).
106 Têtes de caractères (types du temps de Goya).
107 Têtes de caractères (types du temps de Goya).

ARROU (Pierre), né à Joinville-le-Pont. — 107, boul. Soult, 12e.

108 Le crépuscule. Albi (aquarelle).
109 Rue des Prêtres. Albi } 2 aquarelles dans un cadre.
110 Rue d'Engueysse. Albi }
111 L'Archevêché. Albi (aquarelle).
112 Rue Puech-Bérenguier. Albi (aquarelle).
113 Le pont vieux, Albi (aquarelle).

ARRUE (Ramiro), né à Bilbao (Espagne).— 159, boul. Montparnasse, Paris.

114 « Amarretako ».
115 La famille.
***116** Partie de pelote (Appartient à M. le Dr Lasserre).
117 Retour de fête.
118 Saint-Jean-de-Luz.
119 Montagne à Sare.

ASSELIN (Maurice), né à Orléans. — 121, rue Caulaincourt, 18e.

120 Maison sur la côte.
121 Crustacés.
122 Pavots.
***123** Portrait.
124 Paysage parisien.

ASTE (Jean-Louis), né à Toulouse. — Montpellier, boulevard Ledru-Rollin, 12.

125 Cloître de St-Bertrand de Cominges.
126 Village de Loures (Basses-Pyrénées).
127 Marine. Cette.
128 Marine. Cette.
129 Marine. Cette.
130 Marine. Cette.

AUBRY (Yvonne), née à Vannes. — 18, rue Ducouédic, 14e.

131 Nu.
132 Paysage de Bretagne.
133 Environs de Pont-l'Abbé.
134 La rivière de Pont-l'Abbé.
135 Bateaux. Ile d'Yeu.
136 Prison de Siegburg : promenade des prisonnières françaises et belges.

AURRENS (Henri), né à Marseille. — 67, rue Lepic, 18e.

137 Jour d'été à la Corniche. Marseille.
138 Soleil couchant à la Corniche. Marseille.
139 Paysage à St-Julien, près Marseille.
140 Paysage à Allauch, près Marseille.
141 Quai des Belges à Marseille.
142 Rue de l'Abreuvoir. Montmartre.

AUZERAIS (Louis-F.), née en Californie (Etats-Unis). — 50, avenue de Saxe, 15e.

***143** Une vitrine contenant des poteries de grand feu.

BACH (Marcel), né à Bordeaux. — 7, rue Alain-Chartier, 15e.

145 Le Lot en mai.
146 Etudes.
147 Matin dans les rochers.
148 La fontaine.
149 Orage sur les coteaux.
150 Arbres en fleurs.

BAGARRY (Adrien-Pierre), né à Marseille. — Entraygues-sur-Truyère (Aveyron).

   151 Nature morte : A la vierge des bois.
   152 La Bastide Jeanne (paysage).
   153 Rocquepailhol (étude décorative).
   154 Temps gris (étude décorative).
   155 Effet de soir.
   156 Petit coin d'ombre et de soleil.

BAILLOT-JOURDAN, né à Saint-Mards-en-Othe. — Mme Baillot-Jourdan, 83, boul. Montparnasse.

   157 Fleurs.
  *__158__ Fleurs (Appartient à M. W...).
   159 Fleurs.
   160 Fleurs.
   161 Paysage.
   162 Paysage.

BAILLY (Cyril), né à Marolles. — Arpajon (S.-et-O.).

   163 Bouquet d'arbres.
   164 Bouquet d'arbres.
   165 Bouquet d'arbres.
   166 Bouquet d'arbres.
   167 La tour embrasée.
   168 Le pont Alexandre III.

BAILLY (Alfred), né à Châtellerault. — 43, rue Richard-Lenoir, 11e.

   169 Notre-Dame (Paris).
   170 Le Pont-Neuf (Paris).
   171 La mare (Vienne).
   172 Le vieux moulin (Vienne).
   173 Paysage dans la Vienne.
   174 Crozan (Creuse).

BALLET (André-Victor), né à Paris. — 108, boul. Montparnasse, 14e.

   175 Venise.
   176 En Provence.
   177 Marseille.
   178 Une terrasse.
   179 La Seine à Boulogne.
   180 Briquemault.

BALMIGÈRE (Paul), né à Caudiès (P.-Or.). — 22, rue Tourlaque, 18e.

181 Jeunesse.
182 Etude.
183 Marché aux bestiaux (F ....),
184 Type de la Cerdagne .... -Orientales).
185 Porteur turc (esquisse

BARAT-LEVRAUX (Georges), né à .... 2, rue Aumont-Thié-
ville, 17e.

186 Scène familiale.
187 Personnages dans un parc.
188 Nature morte aux poissons.
189 Le Mas en ruines.
190 Oliviers.
191 Fleurs.

BARAUDE (Henri), né à Châlon-sur-Saône. — 4, rue Eugène-La-
biche, 16e.

192 Le cloître de St-Etienne-du-Mont (Paris).
193 Le moulin de Montmartre (Paris).
194 Route sur le lac de Thoune (Suisse).
195 Unterseen sur l'Aar (Suisse).
196 Chioggia (Italie).
197 Venise (Italie).

BARBEY (Maurice), né à Paris. — 23, rue Victor-Massé, 9e.

198 Saint-Valéry-en-Caux.
199 Paysage.
200 La Seine.
201 La tache rose.

BARBEY (Lucienne), née à Paris. — 1, rue des Saints-Pères, 6e.

202 La roulotte.

BARBEY (Mlle Jeanne-Marie), née à Paris. — 40, rue de Paris, à
Bagnolet (Seine).

203 Les luttes au Pardon de Gourin.
204 Jean-Marie Le Goff.
205 Marché à Gourin (Morbihan).
206 La pomme verte.
207 Le bois de Kernaden.
208 Dessin et gravures sur bois.

BARBEY (Valdo-Louis), né à Valleyres. — 1, rue des Sts-Pères, 6e.

209 Le batelier.

BARBIER (Ernest-Jules-Louis), né à Nottonville (Eure-et-Loir). — 174, rue de Fontenay, à Vincennes (Seine).

210 La Seine à Ablon, le matin.
211 Fleurs et fruits.
***212** Portrait de mon fils, mort pour la France (Appartient à l'auteur).
213 L'heure du communiqué.
214 Soir d'été (Haute-Saône).
215 Avril.

BARCET (Emmanuel), né à Lyon. — 8, rue Auguste-Maquet, 16e.

216 Peinture.
217 Peinture.
218 Peinture.
219 Peinture.
220 Peinture.
221 Peinture.

BARDEL (Martial), né à Lyon. — 33, rue des Volontaires, 15e.

***222** Portrait (peinture), appartient à M. B...
223 Femme à la statuette (peinture).
224 Eglise de Prunay (aquarelle).
225 Sillery, Port (aquarelle).

BARDELLE (Léon), né à Limoges. — 15, rue Edouard-Jacques, 14e.

226 L'écluse sur la Vienne.
227 La châtaigneraie.
228 Chemin creux en Limousin.
229 Matinée d'été.
230 Brume d'été.
231 Nature morte.

BARDOU-JOB (Pierre). — Ateliers St-Marti, à Prades (Pyr.-Or.)

232 Céramique.
232 a Céramique.
232 b Céramique.
232 c Céramique.
232 d Céramique.
232 e Céramique.

BARJOU (Henri), né à Lesneven (Finistère). — 5, rue Victorien-Sardou, 16e.

   233 Vieille maison (Roscoff).
   234 Vieille rue (Roscoff).
   235 Marée basse (Roscoff).
   236 Abbaye de Royaumont, le cloître.
   237 Entrée du parc (Royaumont).
   238 Paris (effet de neige).

BARON (Marcel-Julien), né à Paris. — 60, rue des Tournelles, 3e.

   239 Le hêtre ensoleillé.
   240 Chemin en forêt.
   241 Le lac gelé.
   242 Peupliers (neige).
   243 Le peuplier près du lac.
   244 Le hêtre en forêt.

BAROTTE (Léon), né à Rosières-aux-Salines. — 84, bd Garibaldi, 15e.

   245 La fontaine de Fontestorbe (Ariège).
   246 Etain dans la Meuse avant 1914.
   247 Vieux chêne au bord d'une mare.
   248 Vallée de la Moselle (environs de Bayon).

BARTHELEMY (Mlle Marguerite), née à Bollène (Vaucluse). — 22, rue Clauzel, 19e.

   249 Chairs ensoleillées.
   250 Jeunesse.
   251 Montmartroise.
   252 Fleurs de juin.

BAS (Adrien), né à Lyon. — 61, quai de Javel 15e.

   253 Paysage.
   254 Paysage.
   255 Paysage.
   256 Paysage.
   257 Paysage.
   258 Paysage.

BASTIDE (Noël), né à Toulouse. — 2, rue Barcelone, Narbonne.

259 Le ruisseau, effet du matin (environs de Narbonne).
260 Le Gardon, matinée à Lézan (Gard).
261 Effet du matin au Gardon, environs de Lézan (Gard).
262 Crépuscule dans le Gard.
263 En vue de l'étang, environs de Narbonne (Aude).
264 Soleil couchant, route de la Clape environs de Nar-
　　　 bonne (Aude).

BAUCHE (Léon-Charles), né à Paris. — 2, passage de Dantzig, 15°.

265 Bateau-lavoir sur la Seine.
266 Etude.
267 La côte.
268 La mare.
269 Chemin dans les bois.
270 Paysage.

BAUCHOIR (Elie), né à Cravans (Charente-Inférieure). — 33, quai
　 d'Anjou, 4°.

271 Un soir de septembre.
272 Bords de l'Odet.
273 Désert breton.

BAUDOT (Mᵐᵉ Jeanne), née à Paris. — Louveciennes (S. et O.).

274 Portrait de Mˡˡᵉ Y. V...
275 Lys et roses.
276 Bégonias.
277 Nature morte.
278 Fruits.
279 Fleurs.

BAZÉ (Mᵐᵉ Odile), née à Paris. — 1, rue de Buenos-Ayres, 7°.

280 Tête de femme.
281 Coin de Savoie.
282 Le soir, Giverny.
283 Le ruisseau fleuri.
284 Le Beuvron.
285 Ruisseau.

BAZIN (Louis-Joseph-Léopold), né à Laives (Saône-et-Loire). — 18, rue Gambetta, Villeneuve-Saint-Georges (S.-etO.).

286 Pont romain.
287 Le gros noyer.
288 Fin d'étang.
289 Beaumont.
290 Une femme en Côte-d'Or.

BEAU (Henri), né à Montréal (Canada).

***291** Portrait d'homme.
***292** Portrait de jeune fille.
293 Paysage.
294 Paysage.
295 Figure (plein air).
296 Figure (plein air).

BEAUVAIS (Gabriel), né à Paris. — 62, rue Rébéval, 19e.

297 Prométhée (plâtre).
298 Héraclide (plâtre).
***299** Portrait (buste plâtre), appartient à Mme P...
300 Homme (buste plâtre).
301 Homme (buste plâtre).
302 Homme (buste plâtre).

BELIN (Mme Jean-Paul), née à Paris. — 64, rue Madame, 6e.

303 Femme au jardin.
304 Au printemps.
305 Nature morte.
306 Chrysanthèmes et citrons.
307 Femme en blanc.
***308** Maud (appartient à l'auteur).

BELLAN-GILBERT, né à Paris. — 7 bis, place des Vosges.

309 La signature de la paix à Versailles.
310 L'adoration perpétuelle à Notre-Dame de Paris.
311 Le Congrès de Versailles.
312 L'église de Cunhlat (Puy-de-Dôme).
313 Vue de Paris.
314 Vue de Paris.

BELLANGER (Francis), né à Paris. — 89, rue Dareau, 14e.

315 Le potier.
316 Femme nue aux roses.
317 Intérieur d'étable.
318 Soleil dans l'étable.
319 La plage à Saint-Brieuc.
320 Pointe du Raz.

BELLEVEAUX (Félicien), né à Lucy-sur-Yonne (Yonne). — 10, rue Sédillot, 7e.

321 Types de vieilles fumeuses bretonnes.
322 Le vieux sonneur de biniou (Bretagne).
323 Près de l'âtre (Bretagne).

BENEZIT (Emmanuel-Charles), né à Paris. — 11, rue Daniel-Stern.

324 La Seine à Vétheuil.
325 Pêchers en fleurs à Cavalaire.
326 Amandier en fleurs à Cavalaire.
327 Glycine en fleurs (Provence).
328 Amandier rose (soleil couchant).
329 Vieux châtaignier en automne (Provence).

BENNETEAU (Félix), né à Paris. — 5, rue de Bagneux, 6e.

330 Tête d'étude.
331 Tête d'étude.
332 Tête d'étude.
333 Tête d'étude.
334 Tête d'étude.
335 Statuette de l'auteur.

BERGEVIN (Albert), né à Avranches. — 1, rue Mission-Marchand.

***336** Le peintre et sa famille (appartient à M. B...)
337 Geste dominical.
338 Nature morte.
339 Nature morte.
340 Nature morte.

BERGEVIN (Mlle Yvonne de), née à Neuilly-sur-Seine. — 5, rue Théophile-Gautier, Neuilly-sur-Seine.

341 Etude de tête d'homme.
342 Néflier du Japon.
343 Terrasses d'oliviers.
344 Notre-Dame-de-Vie.
345 Etude de femme.

BERGON (F.-M.), né à Narbonne (Aude). — 11, rue Simon-Dereure.

346 Parure.
347 Musique.
348 Paysage.
349 Nature morte.
350 Métropolitain.
351 Paysage.

BERLIOZ (Charles). — 55, rue de Dantzig, 15e.

352 La belle matinée en Languedoc.
353 Au hameau cévenol de Cantemerle.
354 Brise du soir sur l'Orb.
355 Les vignes à Lamalou.
356 Le beffroi d'Arras.
***357** Portrait de l'auteur (appartient à l'auteur).

BERNARD (Louis), né à Marseille. — Le Plan-Le Castillet (Var).

358 Paysage (Provence).
359 Paysage (Provence).
360 Paysage (Provence).
361 Paysage (Provence).
362 Ravin de Birmandreës (Algérie).
363 Cimetière musulman d'El-Kettar.

BERSON-BERTZEFF (Mlle Alia), née à Petrograd. — 15 *bis*, rue de Maubeuge, chez Mlle Dayan.

***364** Portrait de Mlle Napierkowska.
365 La rêveuse.
366 Portrait de M. Bartaze.

BERTHELEMY (Henri), né à Paris. — 49, rue Belgrand, 20e.

367 La frayeur (étude de nu).
368 Portrait.

BERTIN (Emile), né à Paris. — 34, rue du Plateau, 19e.

369 Carnaval (plume et couleurs).
370 Carnaval (plume et couleurs).
371 Duel à mort (plume et couleurs).
372 Diane (plume et couleurs).
373 Hercule (plume et couleurs).
374 Fête vénitienne (décor de théâtre), détrempe.

BERTHELIN (Robert), né à Paris. — Sarcelles (Seine-et-Oise).

375 Vieille mosquée (Monastir).
376 Fontaine turque (composition).
***377** Une rue à Florina (Grèce), propriété de l'auteur.
***378** Une rue à Florina (Grèce), propriété de l'auteur.
***379** Une rue à Florina (Grèce), propriété de M. Deleu.

BERTHELIER (Pierre), né à Paris. — 15, rue Cauchois, 18e.

380 Les Granvillaises.
381 Pêcheurs à la bichette (Granville).
382 Huttes de gardes-côtes (Manche).
383 Soissons : St-Jean-des-Vignes (eau-forte tirée à 200 épreuves numérotées).

BERTRAND (Pierre), né à Lorient (Morbihan). — 59, rue des Batignolles, 17e.

384 Rivière en Bretagne.
385 L'entrée du petit port.
386 Les goémons.
387 La petite anse.
388 Les fonds du Belon.
389 Rives du Belon.

BESNUS (Jean-Maurice), né à Paris. — 1, rue Cassini, 14e.

390 La vague (Quiberon), peinture.
391 Maisons à Saint-Pierre (Quiberon), peinture.
392 Effet de lune à Kerhostin, peinture.
393 Nature morte (fleurs et vases), peinture.
394 Nature morte (boutons d'or), peinture.
395 Nature morte (roses et oranges), peinture.

BESSERVE (René), né à Montbéliard (Doubs). — 79, boulevard Beaumarchais, 3e.

396 Paysage.
397 Paysage.
398 Nature morte.
399 Nature morte.
***400** Portrait (appartient à M. R..).
401 Figure.

BIB, né en France. — 8, rue La Bruyère, 9e.

402 Portrait de Sorel (peinture).
403 Femme au collier (peinture).

BIEGAS (Boleslas), né à Kozchyn (Pologne). — 3 *bis*, rue de Bagneux, 6e.

404 Tableau sphérique.
405 Tableau sphérique.
406 Tableau sphérique.
407 Tableau sphérique.
408 Tableau sphérique.
409 Tableau sphérique.

BIGEARD (Paul-Emile), né à Paris. — 3 *bis*, place de la Sorbonne.

410 Falaise ensoleillée.
411 Temps gris.
412 Etude.
413 Voiles rouges.
414 Etude.
415 Etude.

BILEK (Alois), né en Bohême. — 9, rue Falguière, 15e.

416 Le printemps.
417 La prière.
418 La noce.
419 Les baigneurs.
420 Ouvrière.

BILLETTE (Raymond), né à Paris. — 61, quai de la Tournelle, 5e.

421 Nature morte (assiette et chandelier).
422 Nature morte (pot de fleurs, étoffe et fruits).
423 Nature morte (fleurs, coupe, oranges et citrons).
424 Figure (femme assise).

BING (Mlle Olga), née à Paris. — 7, rue de Messine, 8e.

425 Le petit déjeuner.
426 Tulipes jaunes.
427 Fruits.
428 Citrons.
429 Géraniums rouges.
***430** L'attente (appartient à Mme B...).

BISCHOFF (Charles-Adolphe), né à Rouen. — 13, place Émile-Goudeau, 18e et villa Burle, à Apt (Vaucluse).

    ***431**   La sieste (appartient à M. Charles Vieillet).
    432   Jeune Aptoise.
    433   Le poulet (nature morte).
    434   Orage sur le Luberon.
    435   Le bouquet (nature morte).
    436   Femme à la jaquette rouge.

BISSIÈRE (Roger), né à Villeréal (Lot-et-Garonne). — 10, villa d'Alésia, 14e.

    437   La chasse au lion.
    438   « The Flag of all Nations », bar à matelots.

BLANCHARD (Mlle Marie), née en Espagne. — 21, av. du Maine.

    ***439**   L'enfant au berceau (appartient à M. L. Rosenberg).
    440   Nature morte.
    441   Nature morte.

BLOC (André-Lucien-Arthur), né à Alger. — 11, rue Bridaine, 17e.

    ***442**   Portrait (appartient à l'auteur).
    ***443**   Portrait (appartient à l'auteur).
    444   Une chaumière en Bretagne.
    445   La côte bretonne près de Saint-Brieuc.
    446   Vache et vachère.
    447   Pommier.

BLOCH (Marcel), né à Paris. — 4, Fbg du Temple, 11e.

    448   Filets bleus, Concarneau (aquarelle).
    449   Au Port, Concarneau (aquarelle).
    450   Madie (pastel).
    451   Restrictions (pastel).
    452   Frimousse (pastel).
    453   Roses rouges (pastel).

BOCH (Eugène), né à La Louvière (Belgique). — Monthyon (S.-et-M.)

    454   Les mimosas.
    455   Fontaine à Biskra.
    456   Village d'Oumache.
    457   Palmiers au Vieux-Biskra.
    458   L'Oued Biskra.
    459   L'Oued à Bechar.

BOISTEL (Gustave), né à Paris. — 8 *bis*, rue Jouffroy, 17e.

460 Fin de déjeuner.
461 Lilas.
462 Envoi de Nice.
463 Vue de Paris (soleil couchant).
464 Nature morte (pommes).
465 Nature morte (poires).

BOLLIGER (Rodolphe), né en Suisse. — 10, rue d'Orchampt, 18e.

466 Etude de nu (1914).
467 Bois de Boulogne (1914).
468 Ecuyère.
***469** Parc aux chevaux (aquarelle), appartient à l'auteur.
***470** Chevaux en liberté (dessin), appartient à l'auteur.

BOMPARD (Pierre), né à Verdun. — 6, rue de Varize, 16e.

***471** Maquette d'affiche, appartient à M. Louis Renault, constructeur.
***472** Maquette d'affiche, appartient à M. T...
473 Projet d'affiche.
474 Projet d'affiche.

BONANOMI (Cesare), né à Plaisance (Italie). — 12, rue Froidevaux, 14e.

475 Eze (vieilles maisons).
476 Paysanne.
477 Une ville de la Riviera.
478 Marchand d'huile.
479 Une rue de Menton.

BONIN (Alexandre), né à Paris. — 16, av. de la République, à Houilles (S.-et-O.)

480 Nature morte.
481 Les pins parasols.
482 Cannes : le port.
***483** Portrait de mon fils (pastel) appartient à l'auteur.

BONNAMY (Louis), né à Meunet-Planches (Indre). — 5, rue d'Alençon, 15e.

484 Quatre aquarelles, près Issoudun.
***485** Nature morte (aquarelle), appartient à l'auteur.
***486** Bouquet de peupliers (peinture), appartient à l'auteur.
***487** Bouquet de violettes (peinture), appartient à l'auteur.

BONNARD (Pierre), né à Paris. — 56, rue Molitor, 16ᵉ.

    488 Intérieur.

BONNEFOY (Mˡˡᵉ Eugénie), née à Puiseaux (Loiret). — 91, avenue de Versailles, à Thiais (Seine).

    489 Danseuses.
    490 Au bord de la Mer.
    491 Une rue.
    492 Nature morte.
    493 Femme à la cruche.
    *__494__ A la fontaine, appartient à M. X...

BOUDOT-LAMOTTE (Maurice), né à La Fère (Aisne). — 108, rue Olivier-de-Serres, 15ᵉ.

    490 Le village.
    496 Saint-Lambert.
    497 Le chant du coq.
    *__498__ Portrait.
    499 Crhysanthèmes.

BOULAGE (Henri), né à Draveil (S.-et-O.). — 3, rue du Crochet, à Deuil (S.-et-O.).

    500 Cadre contenant des gravures sur bois.
    501 Eglise d'Andilly (peinture).
    502 Portrait (peinture).
    503 Paysage d'automne (aquarelle).
    504 Paysage d'automne (aquarelle).

BOULANGER (Mˡˡᵉ Camille), née à Paris. — 48, rue des Marais, 10ᵉ.

    505 Le vainqueur.
    506 Chats musiciens (plateau).
    507 Abri, chats.
    508 Sous les Gothas, chats.
    509 Frileux, chats.
    510 Ma chatte grise.

BOULLARD DE CORAS (Mˡˡᵉ Marie-Antoinette), née à Paris. — 83, boulevard du Montparnasse.

    511 Un guide en Dauphiné.
    512 La Seine, l'hiver, à Grenelle.
    *__513__ Etude, appartient à la collection de M. I...
    514 Etude de femme.
    515 Le père et l'enfant endormi.
    516 Maternité.

BOUQUET (Louis), né à Lyon. — 1, rue Leclerc, 14e.

517 Jardin des Oliviers (peinture).
518 Tristan et Iseult (dessin).
519 Café arabe (peinture).
520 Tête d'enfant (dessin).
521 Tête d'enfant (dessin).
522 Tête d'enfant (dessin).

BOURG (Jules-Emile), né à Metz. — 17, rue de Draveil, à Juvisy (Seine-et-Oise).

523 Aubépines au bord de l'Orge (S.-et-O.).
524 Les bruyères, Forêt de Sénart (S.-et-O.).
525 Les petites meules à Viry-Châtillon (S.-et-O.).
526 Coteau de Gravigny (S.-et-O.).
527 Crépuscule, Forêt de Sénart (S.-et-O.).
528 La fouille abandonnée (S.-et-O.).

BOURGEOIS (Eugène), né à Châlon-sur-Saône. — Place du Champ-de-Mars, Autun (Saône-et-Loire).

529 Portrait.
530 Nature morte.
531 Etude.
532 Paysage.
533 Etude.
534 Etude.

BOURGEOIS (Alfred), né à Paris. — Chemin des Fourches, Pierrefitte (Seine).

535 Fontenay-en-Parisis.
536 Les deux nus.
537 Nu devant un vitrage.
538 Les meules.
539 Pots et crème sur un tapis.

BOURRILLON (Charles-Ferdinand), né à Marseille. — 79, boulevard du Montparnasse, 6e.

540 Le Sentier, Provence (peinture).
541 La campagne en Provence (peinture).
542 Environs d'Avignon, Provence (aquarelle).
543 Route en Provence (aquarelle).

544 Un assemblage de deux aquarelles :
    I. Village des Baux, Provence.
    II. Paysage de Provence.
545 Un assemblage de deux aquarelles :
    III. Derrière la Bastide, Provence.
    IV. Le vieux château des Baux, Provence.

BOUSSINGAULT (Jean-Louis), né à Paris. — 34, rue des Vignes.

546 Peinture.

BOYD (Mlle Elizabeth), née à Skelmorlie (Ecosse). — 38, Harrington Gardens, London. S. W. 7.

547 Au bord de la mer, la fenêtre.

BRABO (Albert), né à Alais. — Alais (Gard).

548 Nature morte.
549 Paysan cévenol assis.
550 Paysage (Haut-Languedoc).
551 Paysage (Haut-Languedoc).
552 Paysage (Haut-Languedoc).
553 Paysage (Cévennes).

BRANCUSI (Constantin), né en Roumanie. — 8, impasse Ronsin, 15e.

554 Sculpture.

BRAQUE (Georges), né à Argenteuil (S.-et-O.). — 11, rue Simon-
Dereure, 18e.

***555** Nature morte, appartient à M. Léonce Rosenberg.
***556** Nature morte, appartient à M. Léonce Rosenberg.
***557** Nature morte, appartient à M. Léonce Rosenberg.
***558** Fleurs, appartient à M. Léonce Rosenberg.

BRECQ (Fernand), né à Loudun. — 124, Grande-Rue à Garches.

559 La vieille mare après-midi.
560 Le saule ensoleillé.
561 Après-midi, Villeneuve-l'Etang.
562 Eau dormante, Villeneuve-l'Etang.
563 Après le bain, Villeneuve-l'Etang.
564 Le petit ruisseau, Villeneuve-l'Etang.

BRÉMOND (Mlle Marie-Jeanne), née à Paris. — 29, rue de l'Yvette.

565 La petite vachère.
566 Ramasseurs de bois.
567 Feuilles mortes dans un vase de Chine.
568 Fleurs dans un vase de Delft.
569 Parc sous la neige.
570 Branche fleurie dans un vase vert.

BRETON (Lucien), né à Paris. — 11, rue Dulong, 17e.

571 Caudebec-en-Caux.
572 Fontainebleau (automne).
573 Caudebec, rue.
574 Caudebec, église.
575 Caudebec.
576 Bretonoux (Lot).

BRIARD (Maurice), né à Paris. — 24, rue Mayet, 6e.

577 Pivoines.
578 Roses.
579 Etude de nu.
580 Etude de nu.
581 Esquisse (panneau décoratif).
582 Etude de nu.

BRIAUDEAU (Paul-Charles), né à Nantes. — 37, rue Denfert-Rochereau, 14e.

583 L'été.
584 Côte de la Bernerie.
585 Les Moutiers.
586 Paysage.
587 Nature morte.
588 La vague.

BRICARD (Xavier), né à Angers. — Villa des Arts, 15, rue Hégésippe-Moreau, 18e.

589 La coiffure.
590 Innocence.
591 Nature morte.
592 Enfant au balcon.
593 Paysage (bords de la Seine).

BRICARD (Mlle Gertrude), née à Angers. — b, rue Bochart-de-
Saron, 9e.

595 La femme au bouquet.
*596 Portrait de mon père, appartient au docteur B...
597 Chrysanthèmes.
598 Bouquet de juin.
599 Le goûter.
600 Fruits.

BRIGGS (Lucien-Gabriel-Alfred-N.), né à Paris. — 31, rue Jeanne.

601 Les deux portes (Martigues).
602 Tartanes (Martigues).
603 Les cyprès (Martigues).
604 Oliviers sur l'étang de Berre.
605 La maison rose (Martigues).
606 Chaland à Martigues.

BRUCE (P.-H.), né aux Etats-Unis. — 6, rue de Furstenberg, 6e.

607 Peinture.
608 Peinture.
609 Peinture.
610 Peinture.
611 Peinture.
612 Peinture.

BINGUERRE (Fernand), né à Nîmes (Gard). — 23, rue Brézin, 14e.

613 Le Pont Marie.
614 Versailles.
615 Versailles.
616 Versailles.
617 Versailles.
618 Versailles.

BRUHNS-YVAN (da Silva), né à Paris. — 3, av. du Château, à
Neuilly-sur-Seine.

619 Panneau décoratif.
620 Antibes.
621 Saint-Gervais.
622 Le chien.
623 La chapelle.
624 Saint-Nicolas-de-Vevoce.

BRUN DE BRESSY (Mme Marie-Louise), née à Ostende (Belgique).— La Sirène, à Penthièvre (Morbihan).

625 Etang de Loperet (Morbihan).
626 Fontaine bretonne à Portivy (Morbihan).
627 Chaumières environs d'Auray.
628 Peupliers à Belle-Ile-en-Mer.
629 Jonquilles (étude).

BRUNI (Mlle Laure), née à Liège (française). — 5, cour Saint-Pierre, Genève.

***630** Portrait de Mme D..., appartient à M. A. Delécraz.
631 Le Rhône au Fort de l'Ecluse.
632 Les falaises du Rhône.
633 Crépuscule.
***634** Petits œillets rouges, appartient à Mlle René Camia.
635 Dahlias.

BULLIO (Eugène), né à Marseille. — 10, rue de Turbigo, 1er.

636 Matinée de printemps.
637 Sur les bords de la Seine à Paris.
638 Coin de village en Provence.
639 Coin de village en Bourgogne.
640 Pastel.
641 Pastel.

BURGUN (Georges-Marcel), né à Paris. — Issy-les-Moulineaux (Seine), 42, route de Clamart.

642 Moulin de pierres.
643 Etude.
644 Neige.
***645** Figure, appartient à l'auteur.
646 Paysage.
647 Nature morte.

BURTY (Frank), né à Limoges. — Les Capucins-Ciret (Pyr.-Or.)

648 L'amandier.
649 Les capucins.
650 Les albères.
651 Paysage.
652 Paysage.
653 Paysage.

BUSSET (Maurice), né à Clermont-Ferrand. — 3, rue Racine, 6e.

654 La croix de Sécenze (Cantal).
655 Vacade au col d'Eylac (Cantal).
656 Le Puy Mary (Cantal).
657 Le val de Chaudefour.
658 Marché auvergnat.
659 Vaches rouges de Salers (Cantal).

CAHEN (Eugène), né à Constantine (Algérie). — 9, rue Meslay, 3e.

660 Notre-Dame de Paris.
661 Notre-Dame de Paris.
662 Notre-Dame de Paris.
663 Fontenay-aux-Roses.
664 Bois de Boulogne.
665 Coucher de soleil à Villers.

CAILLAUD (Alfred), né à La Rochelle (Charente-Inférieure).

666 Nature morte.
667 Nature morte.
668 Fleurs.
669 Nature morte.

CAILLY (Georges-Alphonse), né à Flers (Orne). — 37, rue de la République, Flers (Orne).

670 Vision du soir.

CAMBIER (Louis-Gustave), né à Bruxelles (Belgique). — 28, rue de Vergnies, Ixelles, Bruxelles (Belgique).

***671** Portrait du sculpteur Ferruccio Pompini.
***672** Portrait du soldat A. G. C. du 13e de ligne.
673 Paysage (la fête à Moret).
674 Paysage (la place Championnet, Antibes).

CAMBIER (Mlle Juliette), née à Bruxelles (Belgique). — 28, rue de Vergnies, Ixelles-Bruxelles (Belgique).

675 Nature morte.
676 Nu.
677 Fleurs.
678 Roses.

CAMOIN (Charles). — Chez M. Vildrac, 11, rue de Seine, 6e.

    679 L'Almée.
    680 Artiste dans sa loge.
    681 Portrait de jeune fille.
    682 Jeune fille s'habillant.
    683 La bohémienne.

CANTER (Paul-Joseph), né à Saint-Omer (Pas-de-Calais). — 23, rue Boissonade, 14e.

    684 Après le bain.
    685 Le polichinelle.
    686 Femme au collier.
    687 Femme au miroir.
    688 Petite bretonne.
    689 Jeune fille.

CANU (Alexandre-Paul), né à Paris. — 45, rue Vandamme, 14e.

    690 Nu.
    691 Nature morte.
    692 Dans la prairie.
    693 Le village.
    694 Paysage.
    695 Jeux (esquisse).

CAPON (Georges), né à Paris. — 4, rue Camille-Tahan, 18e.

    696 Automne (paysage).
    697 Le coteau (paysage).
    698 Portrait.
    699 Neige.
    700 Neige.
    701 Etude.

CARADEK (Mlle Lucie), née à Brest. — 6bis, rue St-James, Neuilly.

    702 Le nuage (paysage).
    703 Le noyer.
    704 Temps couvert.
    705 Fleurs.
    706 Marine.
    707 Daphnis et Chloé.

CARDINAL (E. V.), né à la Châtaigneraie (Vendée). — 68, rue de Clichy, 9e, atelier : 26, rue Duperré (adresse de préférence).

*708 Portrait de M. T. K...
*709 Portrait de Mlle M. P...
710 Tableau de fleurs.
711 Tableau de fleurs.
712 Tableau de fleurs.
713 Tableau de fleurs.

CARETTE (Georges), né à Paris. — 6, rue Édouard-Detaille, 17e.

714 Vallée de la Seine (après l'orage).
715 Vallée de la Seine (automne).
716 Lever de lune.
717 Cathédrale de Mantes.
718 Panneau décoratif (pommes).
719 Panneau décoratif (pommes).

CARIOT (Gustave), né à Paris. — 34, rue de Brie, à Mandres (S.-et-O.)

720 La tour de Frauenstein (Allemagne).
721 Le village de Frauenstein (Allemagne).
722 Le tilleul millénaire de Frauenstein (Allemagne).
723 Le manoir d'Hohenstein (Allemagne).
724 Village dans la forêt (Taunus).
725 Châlons-sur-Marne, lendemain de fête.

CARRÈRE (Jean-Paul), né à Bordeaux. — 4, rue Victor-Duruy, 15e.

726 La chasse de l'aigle (aquarelle).
727 Hésione délivrée par Hercule (aquarelle).
728 Prométhée (aquarelle).
729 Artémis blessée (aquarelle).
730 Orphée (triptyque) (aquarelle).
731 Les 7 dormants (légende dorée) (aquarelle).

CASTELLI (Clément), né à Vazzo (Italie). — 4, Fbg du Temple, 11e.

732 Jardin du Palais-Royal à Paris.
733 Coin de village (Italie).
734 Maison rustique à Varzo.
*735 Ma cousine (portrait), appartient à l'auteur.
736 Femme nue.
737 Nature morte (fruits).

CASTELUCHO (Claudio), né à Barcelone. — 84, rue d'Assas, 6ᵉ.

>738 Modèle au repos (peinture à l'huile).
739 14 juillet 1914 (peinture à l'huile).
740 La cigarière (peinture à l'huile).
741 Marché aux fleurs, Barcelone (peinture à l'huile).
742 Soleil d'hiver (peinture à l'huile).
743 Le carrousel (peinture à l'huile).

CAUDRELIER (Gérard), né à Lille (Nord). — 2, rue Aumont-Thié-
ville, 17ᵉ.

*744 Enfant (plein air), appartient à Mᵐᵉ L. Cᵗ H...
745 Pont sur le Loing.
746 Pont de Moret.
747 Eglise de Moret.
748 Anémones et roses.
749 Les pivoines.

CERNY (Charles), né à Prague (République Tchéco-Slovaque). —
59, rue de Rennes, 6ᵉ.

750 Paris (tempera).
751 La pêcherie à Montargis (aquarelle).
752 Zoubida et Aïcha (aquarelle).
753 Automne (huile).
754 Les toits de Bruges (aquarelle).

CHABANE (Raoul-Martial-Léon), né à Bordeaux. — 59, rue des
Peupliers, à Billancourt (Seine).

755 Cathédrale du Mans au couchant.
756 La Seine à Sèvres.
757 L'Etang du Roi (matinée).
*758 Paysage d'automne, appartient à M. Pierron.
759 Un citron (étude).

CHABAUD (Auguste), né à Nimes (Gard). — Graveson (B.-du-R.).

760 Dans la Montagnette.
761 Rochers dans la Montagnette.
762 Coin de mon Mas (I).
763 Coin de mon Mas (II).
764 Pavillon dans le bosquet.
765 Le Mas vu du jardin.

CHABRIDON (Jean-Joseph), né à Clermont-Ferrand. — 36, avenue de Châtillon, 14°.

766 Odalisque (pastel).
767 Jeune fille aux roses (pastel).
768 Berger d'Auvergne (peinture).
769 L'Exode (dessin rehaussé).
770 Soir d'orage (gravure en couleurs).
771 Vieux port à Orthez (gravure en couleurs).
    (Édition Le Prince, 20, rue de l'Odéon. Imprimeurs : Leblanc et Trautmann, rue des Fossés-Saint-Jacques.)

CHAMERON (Mlle Andrée), née à St-Maur (Seine). — 53, avenue de la République, Saint-Maur (Seine).

772 Tomates.
773 Pommes.
774 Paysage (Nièvre).

CHAMPAIRER (Mlle Suzette), née à Paris. — 37, rue de Paris, à Charenton (Seine.)

775 Brodeuse au jardin.
776 Nature morte.
777 La vieille rue (Theys).
778 La vallée (Theys, Isère).
779 Hôtel de Sens (bois original).
780 Église de Créteil (bois original).

CHANTAL-QUENEVILLE, né à Montbar. — 21, avenue du Maine.

781 Composition fête foraine.
782 Nature morte (intérieur).
783 Portrait de M. Malbuisson.
784 Nature morte (pot).
785 Nature morte (citron).
786 Nature morte (panier).

CHAPUY (André). — 22, rue Boissonade, 14°.

787 Projet de décoration (peinture).
788 Neige (peinture).
789 Dessin (étude d'arbres pour la décoration d'un palais).
790 Dessin (étude d'arbres pour la décoration d'un palais).

CHARASSON (Eugène), né à Aigurande (Indre). — Aigurande (Indre).

791 Vieux pont de Puyguillon (Creuse).
792 Laveuse.
793 La tour de Lavaud (Creuse).
794 Ruines de Crozant (Creuse).
795 Paysage.

CHARAVEL, (Paul-Frédéric-Antoine), né à Marseille. — 46, rue du Hameau, 15e.

796 Notre-Dame de Paris.
797 La Cité, Paris.
798 L'Hôtel-Dieu, Paris.
799 Falaises de Quiberville.
800 Le verger (Normandie).
801 Sous les pommiers (Quiberville).

CHARAVEL (Mlle Germaine), née à Marseille. — 46, rue du Hameau, 15e.

802 Fleurs.
803 Fleurs.
804 Fleurs et fruits.
805 Fleurs.
806 Fleurs.
807 Fleurs.

CHARBONNIER (Pierre). — 13, rue de l'Ancienne-Comédie, 6e.

***808** Panneau.

CHARCHOUNE (Serge), né à Bougourouslane (Russie). — 10, impasse du Maine, 15e.

810 Cubisme ornemental (I).
811 Cubisme ornemental (II).
812 Cubisme ornemental (III).
813 Cubisme ornemental (IV).
814 Cubisme ornemental (V).
815 Cubisme ornemental (VI).

CHARLESSE (Mlle Chérie), née à Paris. — 34, rue Singer, 16e.

816 Le retour du pirate.
817 Le chemin de la vie.
818 Maternité.
819 L'amour.
***820** Portrait.
821 Femme à l'éventail.

CHARLOT (Louis), né à Cussy-en-Morvan. — 109, rue Cardinet, 17e

822 Le Saugeot au printemps.
823 A l'ombre des chênes.
824 Cerisiers en fleurs.
825 Rochers et berges.
826 Village sous la neige.
827 Neige au soleil.

CHARON (Luc), né à Paris. — 33, rue Jacob, 6e

828 Moulin Berzun.
829 Bords de l'Ellé.
830 Le calvaire.
831 Le Diben.
832 Vieux moulin.

CHARRIER (Daniel). — 47, rue du Département, 18e

833 Quo Vadis.
834 L'hallali.

CHAUVEL (Georges), né à Elbeuf. — 54, rue Lhomond, 5e

***835** Portrait (buste plâtre), appartient à l'auteur.
836 Etude de nu (fragment de monument).

CHAUVET (Mlle Odette), née à Nantes. — 19, boul. Victor, 15e

837 Nature morte (les échecs).
838 Nature morte.
839 Portrait.
840 Nature morte.

CHAUVIN (Jean), né à Rochefort-sur-Mer. — 6, rue Vavin, 14e

841 Statue de bois.

CHAVENON (Roland), né à Paris. — 33, rue du Champ-de-Mars.

842 Recherche pour panneau décoratif.
843 Barque de pêche devant la falaise d'Yport.
844 Un parc en automne.
845 Grainval.
846 Les quais parisiens.
847 Esquisse pour un nu dans un paysage.

CHAZALVIEL (Albert-Edouard), né à Paris. — 344, rue St-Jacques.

848 Nature morte.
849 Paysage.
***850** Paysage (sous bois), appartient à M. des Granges.
851 Baigneuse.
852 Femme en noir.
***853** Portrait, appartient à l'auteur.

CHEFFAUD (Mlle Jeanne), née à Paris. — 55, boul. St-Marcel, 13e.

854 Le dernier rayon sur l'église.
***855** Tirailleurs blessés, appartient à l'auteur.
856 Vieux coin en Normandie.
857 Vieux coin en Normandie.
858 Vieux coin en Normandie.
859 Le Panthéon.

CHEMIN (Edgar-Gaston), né à Landouzy-la-Ville (Aisne). — 2, rue Dailly, Saint-Cloud (S.-et-O.).

860 Saint-Cloud le soir.
861 Chaumière inhabitée (Beauce).
862 Chaumières en Beauce.
***863** Chaumière inhabitée en Gambais (S.-et-O.)
864 Paysage à Villeneuve-sur-Yonne.

CHEREAU (Claude). — 3, boulevard Suchet, 16e.

865 Etude peinte.
866 Etude peinte.
867 Le pont de Pont-à-Mousson (dessin).
868 Le pont de Pont-à-Mousson (dessin).
869 Etude de femme (dessin).
870 Etude de femme (dessin).

CHICHMANIAN (Raphaël), né en Arménie. — 2, pass. de Dantzig.

***871** Portrait de K. Parseghian (peinture), app. à l'auteur.
872 Rue de campagne (environs de Lagny), peinture.
873 Crépuscule sur la Seine (à Paris) (peinture).
***874** Cadre contenant quelques dessins décoratifs (style arménien moderne), appartient à l'auteur.

CHOLLET (Marcel), né à Genève. — 17, rue Victor-Massé, 9e.

*875 Bastien Lepage, appartient à l'auteur.
876 Pivoines.
877 Pivoines et cerises.
878 Fruits.
879 Roses.
880 Fruits.

CHRETIEN (Paul), né à Paris. — 7, rue des Saules, 18e.

881 Le clocher de Saint-Pierre de Montmartre (neige).
882 Automne ensoleillé.
883 Le cabaret du Lapin-Agile (vieux Montmartre).
884 Rue du Mont-Cenis (vieux Montmartre).
885 Clair de lune.
886 L'Yonne, près Sens.

CHRISTEN (Mlle Jeanne), née à Paris. — 1, rue Alfred-de-Vigny.

887 Fond du lac d'Annecy (éclaircie) (peinture).
888 Pointe de Veyrier (lac d'Annecy), temps de brume (peinture).
889 Col de Leschaux (lac d'Annecy), lever du jour, (peinture).
890 Annecy et la Mandalaz (couchant) (peinture).
*891 Portrait de Mme C. de R. (pastel), appartient à Mme C. de R.
*892 Portrait de Mme la Marquise de C. (pastel), appartient à Mme de C.

CHRISTIAN (Emile), né à Paris. — 95, rue des Poissonniers, 18e.

893 Moulin de la Galette.
894 Butte Montmartre (rue du Mont-Cenis).
895 Calvaire de Poivres (Aube).
896 Place Jean-Baptiste-Clément.
897 Vieilles maisons sur l'Aubette (Rouen).
898 Vieux cabaret artistique (Montmartre).

CLAIRIN (Pierre-Eugène), né à Cambrai. — 24, rue Bonaparte, 6e.

899 Paysage Parisien.
900 Nature morte.
*901 Peinture, appartient à M. F...
902 Nature morte (tennis).

CLARIEL (Mlle Suzanne), née à Paris. — 16, rue Perceval, 14e.

903 Mas en Provence.
904 Paysage.
905 Pommes.
906 Les arènes d'Arles.
907 Grande-Rue à Lons-le-Saunier.

CLARY-BAROUX, né à Paris. — 47 *bis*, rue d'Orsel, 18e.

908 Rouen (vue prise de la côte de Bon-Secours).
909 L'Epte à Giverny.
910 Val Fleuri et les fonds de Meudon.
911 Place Pigalle (effet de neige).
912 Paysage (peinture).
913 Paysage (peinture).

CLAVELEIRA (Alphonse), né à Randan (Puy-de-Dôme). — 8, rue de Parme, 9e.

914 Pinsonnette.
915 Gina montmartroise.
916 C'est l'automne.
917 Paysage à Chaville.
918 Paysage à Chaville.
919 Paysage à Chaville.

CLAVET (Jean), né à Périgueux. — 92, rue de Montreuil, 11e.

920 Etude (figurine).
921 Etude (figurine).
922 Etude (figurine).
923 Etude (figurine).
924 Paysage.
925 Paysage.

CLERGE (Auguste), né à Troyes. — 9, rue Campagne-Première, 14e.

*****926** Les braconniers.
927 Pêcheur de Ploumanach.
928 Fumeuse.
929 Nu dans les roches.
*****930** Chasse à courre, appartient à M. Fuzier.
931 Montparnasse sous la neige.

CLUZEAU (Jean), né à Coulaures (Dordogne). — Avenue de l'Hippodrome, à Champigny (Seine).

932 Coucher de soleil dans le brouillard.
933 Lumière blonde.
934 Un effet de soleil après l'orage.
935 Matinée au bord de la Marne.

CŒURET (Alfred), né à Paris. — 72, rue de Clamart, à Châtillon.

936 La batteuse.
937 La femme du bûcheron.
938 Bûcherons (la scie à quatre).
939 Bûcherons (l'Effort).
940 Femme et enfant sous le cerisier.
941 Le bouquet.

COLANGE (Gustave), né à Paris. — 27, rue de Mademoiselle, Versailles (S.-et-O.).

942 Printemps normand.
943 Printemps normand.
944 Printemps normand.
945 Maison de ferme (Normandie).
946 Pommes (paysage).

COLIN (Olivier), né à l'Ile de Bréhat (C. du N.). — 10, rue Fresnes.

***947** Projet d'affiche.
948 Un marché en province.
949 Conseil de réforme.
950 Vieilles maisons (Dinan).
951 Mont Saint-Michel (la crypte de l'Aquillon).
952 Un marché en province.

COLIN (Paul-Emile), né à Lunéville. — Bourg-la-Reine, 24, chemin latéral.

953 Le vin.
954 Les cerises.
955 La mère.
956 Soir des foins.
957 Repos.
958 Le raisin.

COLLOT (Charles), né à Nancy. — 31, avenue d'Eylau, 16e.

959 Salomé.
960 Au bord du lac.
961 Confidences.
962 Etude pour une descente de croix.
963 Le vieux fumeur.
964 La jeune fille.

COMMANCHE (Jean), né à Paris. — 35, boul. Bonne-Nouvelle, 2e

965 Les diablerets.
966 La montagne au matin.
967 Notre atelier au camp de Parchim.
968 Prisonniers russes.
969 Etude de nu.
***970** Portrait de mon frère, appartient à l'auteur.

CONCHON (Léon-Eugène), né à Paris. — 1, rue Lefèvre, 15e.

971 Volupté (figure de danse).
972 Vision d'Orient.
973 Le pyjama rose.
974 Songeuse.
975 Déshabillé.
976 Repos.

CONINCK (Robert de), né à Bolbec (Seine-Inf.). — Villa Zélie, 16, rue de la Croix, Cannes (Alpes-Maritimes).

977 Eglise Saint-François-de-Paule, à Bormes.
978 Notre-Dame-des-Anges du Cannet.
979 Port de Cannes.
980 Ferme à Grasse.
981 Ferme à Grasse.
982 Porte du Suquet, à Cannes.

COQUEMENT (Honoré), né à Bois-le-Roi (Seine-et-Marne). — 212, rue de Paris, Taverny (S.-et-O.).

983 Cuivre et prunes.
984 Huîtres.
985 Fruits.
986 Cuivre et pêches.
987 Orage à la Chicaille.
988 La Chicaille sous la neige.

COQUERY (René), né à Boulogne-sur-Seine. — 21, rue de la Brèche-aux-Loups, 12ᵉ.

989 Moins cinq.
990 Gué du Loir.
991 Enfants dans la prairie.
992 Bonne aventure.
993 La petite maison.
994 Les pommes.

CORENTIN (pseudonyme), BALLUT (Marcel), né à St-Fargeau (Yonne). — 20, rue des Tournelles, 4ᵉ.

995 Côtes du Finistère, baie de Douarnenez.
996 Mer basse près Loctudy (Finistère).
997 Soir orageux (mer du Finistère).
998 Etude de rochers (côtes du Finistère).
999 Etude de pins (côtes du Finistère).
1000 Thonniers (Concarneau).

CORFU (Georges-Félicien), né à Jonchery-sur-Vesles (Marne). — 86, rue Lamarck, 18ᵉ.

1001 La gloire couronnant les tombes.
1002 Cueillette printannière.
1003 Renouveau.
1004 Aux écoutes.
1005 Repos.
1006 La gloire pleurant sur une tombe.

COMET (Paul), né à Paris. — 54, rue Mathurin Régnier, 15ᵉ.

1007 Jeune homme (sculpture).
1008 Poilu (sculpture).

CORNILLON-BARNAVE (Charles-Marie-Joseph), né à Marseille. 16, rue Clavel, 19ᵉ.

1009 Les Francs (dessin).

CORPET (Etienne), né à Paris. — 158, rue de Charonne, 11ᵉ.

1010 Nature morte (vasque de fruits).
1011 Nature morte (la tasse verte).
1012 Nature morte (le melon).
1013 Nature morte (la pastèque).
1014 Nature morte (semelle de pêches).
1015 Nature morte (verre d'eau).

COSYNS (François-Antoine), né à Malines (Belgique). — 22, rue Monsieur-le-Prince, 6e.

1016 Jeunes femmes à la tapisserie.
1017 Petites filles.
1018 Nu au jardin.

COUBINE (O.), né à Boskowitze (République Tchéco-Slovaque). — 4, rue des Chartreux, 6e.

1019 Portrait de femme.
1020 Femme avec un bouquet de fleurs.
1021 Nu couché.
1022 Les dentellières de la Haute-Loire.

COULON (Mlle Irma), née à Paris. — 65, rue de Clichy, 9e.

1023 Soucis.
1024 La rue de Vintimille.
*1025 Paysage (I), appartient à M. Q.-E. M..
1026 Paysage (II).
1027 Paysage (III).
1028 Paysage d'automne.

COULON (Henri), né à Paris. — 37, rue de Châteaudun, 9e.

1029 Bords de Creuse près du Pin (Indre).
1030 Sur la route de Saint-Gaultier (Indre).
1031 Le moulin Barra (Creuse).
1032 Le village du Pin (Indre).
1033 La Gargilèse (Indre).
1034 Le moulin de la Folie (Creuse).

COURCHE (Félix), né à Paris. — 73, rue Louis-Blanc, 10e.

1035 Baigneuses.
1036 Idylle champêtre.
1037 Pastorale.
1038 Faune et bacchantes.
1039 Bacchante endormie.
1040 Bacchantes poursuivies.

COURTRY (Mlle Suzanne-Charlotte), née à Paris. — 3, Grande-Rue, Asnières (Seine).

1041 Les rochers de Saint-Moré (Yonne).
1042 Livres et fleurs.
1043 Nature morte (cantaloup).
1044 Nature morte (fruits).
1045 Nature morte (légumes).

COUSSEDIÈRE (Charles), né à Paris. — 19, rue du Banquier, 13e.

1046 Paysage.
1047 Étude de nu.
1048 Fruits.
1049 Meule de foin.
1050 Paysage d'Auvergne.
1051 Environs de Lagny.

COUSTURIER (Mlle Lucie), née à Paris. — 43, boul. Beauséjour.

1052 Promenade au bois.
1053 Bleuets.
1054 Pavots.

COUSTURIER (Mlle Henriette), née à Dijon (Côte-d'Or). — 11, boulevard de Clichy, 9e.

1055 Fleurs d'été.
1056 Rayon de soleil dans une salle.
1057 Un coin de ma chambre.
1058 Un vieux secrétaire.
1059 Ma porte fleurie.
1060 Un coin de Sienne (Italie), aquarelle.

CRISSAY (Mme Marguerite), née à Mirecourt (Vosges). — 7, rue Belloni, 15e.

1061 Nu.
1062 Marine.
1063 Paysage normand.
1064 Les roses rouges.
1065 Les roses roses.
1066 Anémones au vase blanc.

CRIVETZ (Alexandre-Th.), né à Bucarest (Roumanie). — 4 ter, rue des Écoles, 5e.

1067 La Seine.
1068 Notre-Dame.
1069 Jardin du Luxembourg.
1070 Portrait de jeune fille.
1071 Le moulin.
1072 Paysage.

CRIVEZ (Paul-Théodore), né à Bucarest (Roumanie). — 4 *ter*, rue des Écoles, 5e.

1073 L'idole.
1074 Aladdin.
1075 La danse autour de la coupe.
*****1076** Fantaisie.
1077 Aquarelle.

CROZET (Maurice), né à Paris. — 44, rue des Pyrénées, 20e.

1078 Arbre à contre-jour.
1079 Matin d'été (paysage).
1080 Mistigris s'amuse.
1081 Noblesse.
1082 Repos.
1083 Flânerie.

CSAKY (J.-A.), né à Szeged. — 19, quai de Montebello, 5e.

*****1084** Mouvement, vie, appartient à M. L. Rosenberg.
*****1085** Construction, équilibre, harmonie, appartient à M. Léonce Rosenberg.

CZAYKOWSKA-KOZICKA, né en Pologne. — 2, avenue Saint-Philibert, 16e.

1086 Dziwozona.
1087 Paysage, Tatra (Pologne).
1088 Paysage, Tatra (Pologne).
1089 Paysage, Tatra (Pologne).
1090 Paysage, Tatra (Pologne).
1091 Paysage, Tatra (Pologne).

CZERWINSKI (Edouard), né à Varsovie (Pologne). — 19, rue Daguerre, 14e.

1092 Portrait de M. Samlicki (peinture).
1093 Nature morte (peinture).
1094 Autoportrait (peinture).
1095 Etude (peinture).
1096 Le Pont-Neuf (gravure sur bois).
1097 Paysage de Bretagne (gravure sur bois).

DABROWA (Eugenisz), né en Pologne. — 24, rue Bonaparte, 6e.

1098 Après la pluie.
1099 Avant le soir.
1100 Le soir.
1101 La neige.
1102 Le printemps.
1103 Fonte de neige.

DAGNAC-RIVIÈRE (Ch.), né à Paris. — Moret-sur-Loing (S.-et-M.)

1104 La vieille grange du Landy.
1105 Marée basse (temps gris).
1106 Matinée d'été.
1107 Fermes au bord de la mer.
1108 Le remorqueur.
1109 Voiles turques.

DAMERVAL (Henri-Edouard), né à Paris. — 6, pass. Dombasle, 15e

1110 Nature morte.
1111 Nature morte.
1112 Paysage à Béthisy (Oise).
1113 Croquis.
1114 Huit croquis de nu.

DANENBERG (Mlle Alice), née à Proômées (Baltiques). — 84, rue d'Assas, 6e.

1115 Nature morte.
1116 Effet d'hiver, jardin du Luxembourg.
1117 Fleurs.
1118 Au jardin.
1119 Nature morte (tasse empire).
1120 Fête du 14 juillet 1919.

DANIS (Georges), né à Bapaume (P.-de-C.). — 28, rue de Neuilly à Rosny-sous-Bois (Seine).

1121 La route de Fontainebleau.
1122 L'inspiration.

DANTU (Georges), né à Paris. — 14, rue Lafontaine, 16e.

1123 Les glycines de Kameido, à Tokio.
1124 Les cerisiers roses d'Uyeno, à Tokio.
1125 Le chemin du temple, à Nara (Japon).
1126 Cerisiers roses au crépuscule (Japon).
1127 Les iris en fleurs au Japon.
1128 Chaya au bord du lac Biwa (Japon).

DARCHE (Thérèse), née à Bussières-les-Belmont (Haute-Marne).—
60, rue Saint-Placide, 6e.

1129 Vase de fleurs (pastel).
1130 Nature morte (pastel).
***1131** Fruits (pastel), appartient à l'auteur.
1132 Marine, bateau de pêche à Douarnenez (aquarelle).
***1133** Ruines de l'Abbaye de Preuilly (S.-et-M.) (gouache)
1134 Croquis à la plume.

DAVAUX (Robert), né à Seneffe (Belgique). — 11, rue du Regard, 6e.

1135 La plage (peinture).
1136 Jeune femme en gris (peinture).
***1137** Portrait d'homme (peinture).
***1138** Buste de M. Clemenceau (sculpture).
***1139** La Marseillaise (sculpture).
***1140** Portrait de M. de S... (sculpture).

DAVENTURE (Henri), né à Libourne (Gironde). — 85, rue du
Président-Carnot, Libourne.

1141 Femme en robe rouge.
1142 Vigne vierge.
1143 Jeune fille (esquisse).
1144 Paysage à Hendaye.
1145 Arlésienne (construction).
1146 Paysage.

DAYNES (Victor), né à Colmar. — 115, rue Bolivar, 19e.

***1147** L'étoile Rita Sangetti (lui appartient).
1148 Etudes et pochades (assemblage).
1149 Pensées.

DEBOS (Robert), né à Rouen (Seine-Inf.). — 26, rue du Départ, 14e.

1150 Les pins (île de Bréhat).
1151 Port de la Chambre (île de Bréhat).
1152 Tertre (île de Bréhat).
1153 Chaumière (Normandie).
1154 Paysage (Normandie).
1155 Fenêtre ouverte.

DEBOS (Mlle Marguerite), née à Paris. — 26, rue du Départ, 14e.

1156 Nature morte (tulipes).
1157 Nature morte (mimosas).
1158 Anémones.
1159 Paysage (île de Bréhat).
1160 Les pins (Saint-Tropez).
1161 Paysage (Saint-Tropez).

BOTTON (Isy de), né à Salonique. — 35, bd Haussmann, 8e.

1162 Sous la tonnelle.
1163 Route ensoleillée en Province.
1164 Etude.
1165 Le lavoir de Tholon.
1166 Le Cours aux Martigues.
1167 Paysage.

DEDINA (Venceslas), né en République Tchéco-Slovaque. — 15, rue
Payenne, 3e.

1168 Musique.
1169 Montagne Savoie.
1170 Cascade sous bois, montagne.
1171 Paysage (Haute-Savoie).
1172 Les cimes (Haute-Savoie).

DEFONTAINE (Louis-Rodolphe). — 53, rue de Lancry, 10e.

1173 Nature morte.
1174 Au col d'Eze (Alpes-Maritimes).
1175 Temps gris, Monte-Carlo.
1176 Une vieille maison, Beausoleil.
1177 Environs de Boulogne-sur-Mer, le soir.
1178 Intérieur de l'église de Thélus (P.-de-C.) 1913.

DEGUÉRET (Yvonne), née à Paris. — 125, rue Legendre, 17e.

1179 Tête de femme (pastel).
1180 Tête d'homme (dessin, sanguine).
1181 Tête d'homme (dessin).
1182 Tête d'homme (dessin).
1183 Un cadre de dessins.
1184 Un cadre de dessins.

DEKEN (Marthe de), née à Paris. — 2, rue de Harlay, 1er.

1185 Le Pont-Neuf au printemps.
1186 Pivoines et lys.
1187 Jardin à Menton (matin).
1188 Fruits (coupe bleue).
1189 Etude.
1190 Etude.

DELACROIX (Paul), né à Paris. — 38, rue Fessart, 19e.

1191 Coin de parc.
1192 Jardin (automne).
1193 Lisière de bois (automne).
1194 Ruines au soleil.
1195 Parc (fantaisie).
1196 Jardin (fantaisie).

DELAMARRE DE MONCHAUX (Marcel), né à Paris. — 33, rue du Parc, à Issy-les-Moulineaux (Seine).

***1197** Bruges : Fin de journée au Béguinage, appartient à l'auteur.
***1198** Bruges : L'église du Béguinage (automne), appartient à l'auteur.
***1199** Bruges : Le pont du Cheval, appartient à l'auteur.
***1200** Bruges : Le Quai Vert vu du pont des Moulins, appartient à l'auteur.

DELCHER (Jeanne) (Dacty), née à Londres. — 7, bd de Clichy, 9e.

1201 Paysage de rêve (pastel).
1202 Paysage de rêve (pastel).
1203 Paysage de rêve (pastel).
1204 Paysage de rêve (pastel).
1205 Paysage de rêve (pastel).
1206 Paysage de rêve (pastel).

DELORME-CORNET (Mme L.), née à Lyon. — 11, r. des Sablons, 16e.

1207 Lilas et roses.
1208 Campanules.
1209 Tulipes et violettes.
1210 Roses.
1211 Roses.
1212 Roses.

DELTOMBE (Mme Paul), née à Pornichet. — 49, rue Beaunier, Paris-14e et 30, rue Lamartine, Nantes.

1213 Tapisserie.
1214 Tapisserie.
1215 Tapisserie.
1216 Tapisserie.
1217 Tapisserie.
1218 Tapisserie.

DELTOMBE (Paul), né à Catillon (Nord). — 49, rue Beaunier, Paris-14e et 30, rue Lamartine, Nantes.

1219 Etude pour pastorale.
1220 Nature morte.
*****1221** Le couronnement.

DELATOUSCHE (Germain), né à Châtillon. — 31, rue Jeanne, 15e.

1225 Pont-Neuf.
1226 Nature morte.
1227 Nature morte.
1228 Bois de Boulogne.
1229 Bois de Boulogne.
1230 Bois de Boulogne.

DENAYER (Félix), né à Ixelles (Belgique). — 33, rue du Dragon, 6e.

1231 L'automne.
1232 Roses.
1233 Les champs.

DENIS-VALVÉRANE (Louis), né à Manosque (Basses-Alpes). — 6, impasse la Lauziere, Asnières.

1234 Route provençale.
1235 Dans le jardin.
1236 Sur la terrasse.
1237 Orangers.
1238 Le verger.
1239 Le champ.

DÉON (Georges), né à Montargis. — 19, boulevard Victor, 15e.

1240 Au Luxembourg : Les Amis de Watteau.
1241 Au Luxembourg : Devant la maison du garde.
1242 Au Luxembourg : Un matin.
1243 Au Luxembourg : Solitude.
1244 Aux Tuileries : L'heure de la musique.
1245 La marine du Luxembourg.

DESCARGUES (Mme Alice), née à Angers. — 34, avenue du Parc-Montsouris, 14e.

1246 Marine (étude aquarelle).
1247 Etudes (aquarelle).
1248 Paysage (étude aquarelle).

DESCUDÉ (Cyprien), né à Bordeaux. — 65, rue Blomet, 15e.

1249 La Moselle à Vesle-sur-Moselle (dessin).
1250 Houblonnière (dessin).
1251 La herse (dessin).
1252 Le lavoir (dessin).
***1253** Etude (peinture), appartient à M. L...
***1254** Etude (peinture), appartient à M. L...

DESGARETS (Odette), née à Paris. — 72, rue N.-D.-des-Champs, 6e.

***1255** Nature morte.

DESHAYES (Frédéric), né à Paris. — 110 bis, rue Marcadet, 18e.

1256 A l'harmonium.
1257 Femme se coiffant.
1258 Femme.
1259 Bords de l'Yonne.
1260 La pignada.

DESLIGNÈRES (André), né à Nevers. — 6, boulevard de Clichy, 18e.

1261 Balagne (Corse).
1262 Cactus (Corse).
1263 Oliviers (Corse).
1264 Pailler (Corse).
1265 Nu.
1266 Nu.

DESPREZ (Simone), née à Amiens (Somme). — 29, rue de la Bordère, Neuilly-sur-Seine (Seine).

***1267** Une allée de Bagatelle (pastel), app' à Mlle B...
1268 La terrasse du jardin (pastel).
1269 La maison d'en face (pastel).
1270 Neige (peinture).
1271 Etude.
1272 Etude.

DETHERNINX (Gaston), né à Bruxelles. — 112, r. Montmartre, 1er.

1273 Les Genets (Irlande).

DETTHOW (Eric), né à Vanersborg (Suède). — 14, cité Falguière, 15e.

1274 Deux modèles.
1275 Vénus et Cupidon.
1276 Porte de Sèvres.
1277 Paysage avec un pont.
1278 Paysage de Meudon.
1279 Paysage de Meudon.

DEVERIN (Roger), né à Paris. — 65, rue Claude-Bernard, 5e.

1280 Le chevrier (panneau décoratif), peinture.
1281 Auvergne (panneau décoratif), détrempe.
1282 Paysage d'Auvergne (détrempe).
1283 Vallée de Saint-Nectaire (peinture).
1284 Vallée de Chaudefour (peinture).
1285 Pommes et coloquintes (peinture).

DEYDIER (René), né à Avignon. — 87, rue Denfert-Rochereau, 14e.

1286 La parade de cirque.
1287 Le chanteur de rues.
1288 Américains à la terrasse du d'Harcourt.
1289 Nature morte.
1290 L'Italienne à la mandoline.
1291 Femme épluchant des légumes.

DIAZ DE SORIA (Robert), né à Bordeaux. — 66 *bis*, rue des Aubépines, Bois-Colombes (Seine).

1292 Paysage.
1293 Paysage.
1294 Fleurs.
1295 Fleurs (pastel).
1296 Fleurs (pastel).
1297 Étude.

DIFFLOTH (Charles), né à Lurcy-Lévy (Allier). — 7, rue Ramon, Charenton.

1298 Vitrine ; Reconstitution neptunienne.

DIGNIMONT (André), né à Paris. — 70, bd Edgar-Quinet, 14e.

1300 Portrait de Guy Arnoux.
1301 Peinture.
1302 Dessin.
1303 Dessin.
1304 Dessin.
1305 Dessin.

DILIGENT (Raphaël), né à Flize (Ardennes). — Rue Antoinette-Labour, Dampmart (Seine-et-Marne).

1306 Canard (plâtre).
1307 Fillette, portrait (plâtre).
1308 Christiane, portrait (plâtre).
1309 La vieille au fagot.
1310 Masque d'enfant (plâtre).

DODEL-FAURE (Mme Elisabeth), née à Issoire (P.-de-D.). — La Sauvetat (P.-de-D.).

1311 Matin au bord de la Couze.
1312 Coudes (P.-de-D.).
1313 Arbres en fleurs.
1314 Automne.
1315 Vigne vierge en automne.
1316 Une femme (Auvergne).

DOMERGUE-LAGARDE, né à Valence-d'Agen (T.-et-G.). — 13, rue du Dragon, 6e.

*1317 Bacchante garonnaise (panneau décoratif destiné à orner la salle des fêtes de l'Hôtel-de-Ville de Valence-d'Agen). Commande de l'Etat et de la ville de Valence-d'Agen.
1318 Le vieux pont.
1319 Le pont.
1320 Le Lot.
1321 Bacchante ivre (étude dessin).
1322 Bacchante (l'offrande), étude dessin.

TOUR-DONAS, né à Anvers (Belgique). — 26, rue du Départ, 14e.

1323 Danse d'Arlequin et de Colombine.
1324 Carrousel.
1325 Nature morte (poteries).
1326 Femme se poudrant.
1327 Le jongleur.
1328 Deux femmes.

DREYFUS (Clément), né à Neuf-Brisach (Haut-Rhin). — 46, rue Cardinet, 17e.

1329 Parc Monceau.
*1330 Portrait de l'auteur.
1331 Intérieur.
1332 Coin d'atelier.
1333 Parc de Versailles (étude sur carton).
1334 Le soir sacré.

DEVILLE (Jean), né à Lyon.

1335 Paysage à Bellevue.
1336 Le pont de Grenelle.
1337 La vallée de Luz.
1338 Fleurs.
*1339 Environs de Fontenay (appartient à M. F. Moreau).
1340 Les belles images.

DEWIS (Louis), né à Liège (Belgique). — 28, rue Chaptal, 9e.

1341 Soleil d'avril.
1342 Port Sainte-Marie.
1343 Vue d'Aiguillon.
1344 Mon jardin (automne).
1345 Roses pompon.
1346 Fleurs.

DEZIRE (Henry), né à Libourne (Gironde). — 10, rue Perceval, 14e.

1347 Paysage.
1348 Paysage.
1349 Paysage.
1350 Paysage.
1351 Paysage.
1352 Paysage.

DOLLIAN (Guy-L.), né à Paris. — 29, rue Caulaincourt, 18e.

1353 L'intermède (peinture).
1354 L'après-midi (peinture).
1355 Vénus anadyomène (peinture).
1356 Fleurs (peinture).
1357 L'aurore aux doigts de rose (gravure sur pierre).
1358 Nymphe (gravure sur bois).

DONGEN (Van), né en Hollande. — 29, villa Saïd, 16°.

   *1359   Le levrier bleu (appartient à l'auteur).
   *1360   Paravent (appartient à Mme G. B...).

DONILO (Geneviève Granger-), née à Tulle. — 22, rue Denfert-Rochereau, 14°.

   1361   Karsavina.
   1362   Karsavina en blanc.
   1363   La Pavlowa.
   1364   La Pavlowa.
   1365   Ida Rubinstein.
   1366   Ballets russes.

DOUROUZE (Daniel), né à Grenoble. — 6, chaussée de la Muette, 16°.

   1367   Croquetons sur le vif.
   1368   Croquetons sur le vif.
   1369   Croquetons sur le vif.
   1370   Croquetons sur le vif.
   1371   Croquetons sur le vif. —
   1372   Croquetons sur le vif.

DREYFUS (Léopold), né à Fontenay-le-Comte. — 45, avenue des Ternes, 17°.

   1373   Sortie de classe.
   1374   Bretonnes.
   1375   Portrait de femme.
   1376   Cruche cassée (peinture).
   1377   Sculpture.
   1378   Sculpture.

DREYFUS, né à Fontenay-le-Comte. — 45, avenue des Ternes, 17°.

   *1379   Sortie de classe.
   *1380   Paysage breton.
   *1381   Portrait de femme.
   *1382   Fleurs.

DROUET-CORDIER (Suzanne), née à Paris. — 24, rue de la Folie-Méricourt, 11°.

   1383   Arbres en fleurs.
   1384   Bords de la Dordogne.
   1385   Enfants sur la plage.
   1386   Enfants sur le sable.
   1387   Attente au soleil.

DUBRET (Henri), né à Dijon. — 1, rue d'Hauteville, 10e.

1388 Pendant les fêtes de la Victoire aux Champs-Ely-
sées à Paris.
1389 L'infini (paysage de Seine-et-Oise).
1390 Après les moissons en Seine-et-Oise.
1391 Une rue de Meulan (Seine-et-Oise).
1392 30 degrés à l'ombre (Bord Haut-de-Vigny, S.-et-O.)
1393 Le pont romain à l'Isle-Adam (S.-et-O.).

DUBREUIL (Pierre), né à Quimper. — 3, villa Brune, 14e.

1394 La sérénade.
1395 L'auberge.
1396 Le sommeil.
1397 Nature morte.
1398 Chaumières.

DUBUISSON (Mlle Marguerite), née à Charleville (Ardennes). —
14, rue Léon-Delhomme, 15e.

1399 Un ensemble de six projets d'illustrations enca-
drées séparément (à grouper) pour le « Ro-
man de la Momie », de Théophile Gauthier.

DUCHEMIN-ILLAIRE (Mathilde), née à Lyon. — 27, quai de la
Tournelle, 5e.

*__1404__ Portrait d'A. D... (pastel).
*__1405__ Portrait d'O. D... (pastel).
1406 Frise pour chambre d'enfant (pastel).
*__1407__ Tête d'enfant (pastel).
*__1408__ Croquis d'enfant (pastel).
1409 « Sur la plage » (croquis pastel).

DUFOUR (Eugène-François), né à Paris. — 6, r. de la Michodière, 2e.

1410 Chez la modiste.
1411 Nature morte (oignons).
1412 Coin de plage, Binic (Côtes-du-Nord).
1413 Lavanderie près Faremoutiers (S.-et-M.).
1414 Le Grand Morin à Faremoutiers-Pommeuse (S.-
et-M.).
1415 La Garonne (faubourg de Toulouse).

DUFRENE (Michel), né à St-Laurent-les-Mâcon. — 7, rue Campagne-
Première, 14e.

    1416 Barque de Danté (Paradiso Cant. II).
  ***1417** La géométrie (appartient à l'auteur).
  ***1418** L'arithmétique (appartient à l'auteur).
    1419 Jouissance interne (aquarelle).
    1420 Un soir (mosaïque d'étoffes).
    1421 Œillets de poète (coussin rond).

DUFY (Raoul), né au Havre. — 5, impasse de Guelma, 18e.

    1422 Baigneuses.

DUHETRE (Jean), né à Clauzel (Gironde). — 7, rue Beethoven, 16e.

    1423 L'inconnaissable portrait.

DULAC (Guillaume), né à Fumel (L.-et-G.). — 26, rue Pigalle, 9e.

    1424 Brouillard sur la rivière.
    1425 Chrysanthèmes.
    1426 Liseuse.
    1427 La fontaine.
    1428 Le moulin.
    1429 L'amandier.

DU MARBORE (Jean). — 164, rue Saint-Maur, 11e.

    1430 Tête d'enfant (peinture).
    1431 Fleurs (peinture).
    1432 Rieuse (peinture).
    1433 Le trac (pastel).
    1434 Paysage de Mars (crayons-couleurs).
    1435 Danseuse (sanguine).

DUMAS (Jean-Baptiste), né à Lyon. — 6, rue des Bauches, 16e.

    1436 Maison.
    1437 Fleurs.
    1438 Fleurs.
    1439 Paysage.

DUMONT (Henri), né à Bordeaux. — 17, faubourg Montmartre, 9e.

1440 Rochers à Carolles.
1441 Matin au bord du lac.
1442 Chemin du Lude à Carolles.
1443 Marine à Carolles.
1444 La Roseraie.
1445 La Croisette à Carolles.

DUMONT (Pierre), né à Paris. — 1, rue d'Orchampt, 18e.

1446 L'étang.
***1447** Le Pont-Neuf (appartient à M. Rosenberg).
1448 Nature morte.
1449 Peinture.
1450 Peinture.
***1451** Peinture (appartient à M. Dorival, de la Comédie-
      Française).

DUNOYER DE SEGONZAC (André), né à Boussy.

1452 Nature morte.
1453 Nu.

DUPLAIN (Mlle Louise), née à Paris. — 10, rue de Châteaudun,
Garenne-Colombes.

1454 Etude documentaire (papillons).
1455 Etude documentaire (algues et papillons).

DUPONT (Victor), né à Boulogne-sur-Mer. — 2, pas. Dantzig, 15e.

1456 Maison en construction (Vaugirard).
1457 Eglise Saint-Lambert (temps gris).
1458 La fenêtre sur la courette.
1459 Paysage basque.
1460 Les enfants au chien.
1461 Anges aux fleurs (décoration).

DURAND (Renée), née à Paris. — 30, bd du Temple, 11e.

1462 Le rocher du diable.
1463 La pointe des Sept-Iles (Ploumanac'h).
1464 L'intérieur de l'église de la Clarté.
1465 Aquarelles originales.

DUREL (Gaston), né à Gaillac (Tarn). — 44, rue Damrémont, 18e.

1466 Chaouch marocain (Oulmès, Moyen Atlas).
1467 Aïcha la Berbère (Moyen Atlas).
1468 Le camp des Mohazenis, Guelmous (Maroc).
1469 Mosquée de Moulay-Idriss (Fez).
1470 Souk-El-Kalaa-es-Sless (Maroc).
1471 Frise d'Arabes (Maroc).

DUREY (René-Jean), né à Paris. — 19, boulevard Victor, 15e.

1472 Paysage.
1473 Paysage.
1474 Paysage.
1475 Nature morte.
1476 Nature morte.
1477 Nature morte.

DURIEUX (Charlotte) (Haas du Rieux), née à Reims. — Hôtel Wagram, 208, rue de Rivoli, 4e.

***1478** Portrait de Mme L. J...
1479 Femme à la pomme.
1480 Fruits.
1481 Roses rouges.

DUSSAULT (Arthur), né à Villeneuve-sur-Yonne. — 40, avenue de Gravelle, Charenton.

1482 Un quai de Villeneuve (Yonne).
1483 La Cure à Vermenton (Yonne).
1484 Le gerbeau d'avoine (St-Quay, C.-du-N.).
1485 Au bord du lac (bois de Vincennes).
1486 Sous bois au printemps.
1487 Bois de Vincennes (automne).

EBERL ZDENEK, né à Prague (Rép. Tchéco-Slovaque). — 4, rue Camille-Tahan, 18e.

1488 Blanc-Rouge.
***1489** Portrait (appartient à l'auteur).
1490 Nu.
1491 Jaune-violet.
1492 Etude I.
1493 Etude II.

EGGIMANN (Jules-Pierre), né à Alais (Gard). — 19, rue Mouton-Duvernet, 14°.

1494 L'oued Fès à Ras-el-Ma (Maroc).
1495 La casbah des Oudayas, Rabat (Maroc).
1496 Vieille porte à Meknès (Maroc).
*1497 Portrait d'un Méridional (appartient à l'auteur).
1498 A Moulay-Idriss, Fez (Maroc).
1499 Paysage du Midi.

EKEGARDH (Hans), né à Stockholm. — 85, rue Lafontaine, 16°.

1500 Fleurs.
1501 Paysage.
1502 Nu.

ELSIG (Louise), née à Montbéliard. — 7, boulevard de Clichy, 9°.

1503 La toilette (peinture).
1504 Nature morte (peinture).
1505 Ève (pastel).
1506 L'attente (pastel).
1507 La cigarette (peinture).
1508 Sous la lampe (peinture).

EMILE-ANDRÉ, né à Paris. — 22, rue Greuze, 16°.

1509 « Curieuse ».
1510 Femme aux oranges.

ERCEVILLEW (Wenceslas d'), né en Pologne. — 16, boulevard Saint-Jacques, 13°.

1511 Le songe.
1512 Etude.
1513 Etude.

ESMANN (Niels-Erik), né à Nastved (Danemark). — 25, r. d'Ulm, 5°.

1514 Portrait de Mlle M...
1515 Intérieur.
1516 Nature morte.
1517 Portrait de moi-même.
1518 Nature morte (aquarelle).
1519 Boulevard de Magenta (aquarelle).

ESMEIN (Maurice-Marcel-Marie), né à Paris. — 7, rue Leroux, 16ᵉ.
(mort à la guerre).

*1520 Cirque (reliefs sur bois).
*1521 Danseuses (relief sur bois).
1522 Nature morte (peinture).
1523 Nu (peinture).
1524 Femme en bleu (peinture).

EVELYNE (Jane). — 25, rue Sarrette, 14ᵉ.

1525 Tunique bleue, fleurs bleues.
1526 Tunique noire, roses mauves.
1527 Tunique grise, roses grenat.
1528 Brise-bise avec pêches.
1529 Coussin branche mimosa et violettes.
*1530 Tableau sur velours vase rose (appartient à l'auteur).

EVRARD (Emma), née à St-Quentin (Aisne). — 5, rue Chevreuse, 6ᵉ.

1531 Les dahlias au plateau.
1532 Les dahlias clairs.
1533 Les anémones à la tasse de thé.
1534 Fleurs et pommes.
1535 Les roses rouges.

EWALD (Pierre-Albert), né à Paris. — 14, avenue Bosquet, 7ᵉ.

1536 Eté.
1537 L'atelier.
1538 L'étang sous bois.
1539 La route (Chaville).

EYNARD (Paul), né à Cambrai. — 19, boulevard Victor, 15ᵉ.

1540 Soucis.
1541 Roses trémières.
1542 Roses roses.
1543 Anémones et giroflées.
1544 De ma fenêtre.
1545 Mimosas et quarantaines.

FABIAN (Henri-Adolphe-Paulin), né à Etampes (S.-et-O.). — 38, rue de Saintonge, 3ᵉ.

1546 La roche.
1547 Le pont de pierre.

FABRE (Auguste-Victor), né à Montpellier (Hérault). — 7, r. de la Manutention, 16e.

1548 La place au soleil.
1549 La place ancienne.
1550 Barques.
1551 La rue.
1552 Avant l'orage.
1553 La vieille chapelle.

FALTER (Marcel), né à Dieuze (Lorraine). — 6, rue des Ecoles, 5e.

1554 Lionne.
1555 Lionne assise.
1556 Ours blanc.
1557 Le cirque.

FAUCONNIER (Paul), né à Paris. — 8, passage d'Angoulême, 11e.

1558 Intérieur fleuri.
1559 Bouquet de fleurs.

FAUGIÈRE (Eugène), né à Aurillac. — 4, place Saint-Gérard, Aurillac (Cantal).

1560 Une grosse pièce.
1561 Chaumière, près Aurillac (sans le cadre).
1562 Marine, Concarneau.
1563 Marine, Concarneau.
1564 La rivière d'Auray.

FAURE (Gabrielle), née à Lumbin (Isère). — 20, rue Cassette, 6e.

1565 Paravent (4 feuilles)
1566 Paysage.
1567 Verdure.
1568 Gravures sur bois (à vendre séparément)

FAURE (Gabriel), né à Moulins (Allier). — 58, rue des Dames, 17e.

***1569** Les physalis.
***1570** La neige rue Lamarck.
***1571** Fantaisie.
***1572** Eglise de Fontvannes (aquarelle).

FAUVET (Richard-Eugène), né à Paris. — 10, r. des Haudriettes, 3°.
(Sociétaire décédé.)

1573
1574
1575
1576
1577
1578

FAVORY (André), né à Paris. — 4, villa des Camélias, 14°.

1579 Baigneuses.

FEDER (Adolphe-Aisik), né à Odessa (Russie). — 18, rue du Moulin-de-Beurre, 14°.

1580 Portrait de Mme F...
*1581 Portrait du Docteur G...
1582 Portrait d'une petite fille en blanc.
1583 Portrait d'une petite fille en tablier.
1584 La bretonne.
1585 Nature morte.

FEDIT (Gaston), né en France. — 5, rue Guénégaud, 6°.

1586 Quai de Paris (matinée d'automne).
1587 Quai de Paris (effet rose).
1588 Coin de jardin à Clécy.
1589 Sous bois à Chennevières.
1590 Étude de femme (sanguine).

FEDRY (Charles), né à Rennes. — 28, av. du Parc-Montsouris, 14°.

1591 Jeunesse.

FENARD (Gaston), né à Goupillières (Eure). — 3, rue Tarbé, 17°.

1592 Bords de la Risle (Eure).
1593 Notre-Dame (soleil couchant).
1594 La Seine à Bagatelle.
1595 Pont du Carrousel.
1596 Crépuscule à la Chapelle-sous-Rougemont (Alsace).

FER (Edouard), né à Nice. — 113, rue de Lausanne (Genève).

Les dégradations de la lumière :

1597 Printemps.
1598 Eté.
1599 Automne.
1600 Hiver.
1601 Brouillard.
1602 Arbre en automne.

FERAT (Serge), né à Moscou. — 67 *bis*, boulevard St-Jacques, 13e.

1603 Nature morte.
1604 Nature morte.
1605 Nature morte.
1606 Nature morte.
1607 Aquarelle.

FERAUDY (Charles-Henri de), né à Orléans. — Faverolles par Montrichard (Loir-et-Cher).

1608 Intérieur (peinture).
1609 Fillette à la fenêtre (peinture).
1610 Auprès du vieux logis (peinture).
1611 Panneau décoratif (peinture).
***1612** Portrait de Mlle G... (peinture).
***1613** Portrait d'E. de F... (dessin), appartient à l'auteur.

FERNAND-TROCHAIN, né à Rueil — 4, rue Camille-Tahan, 18e.

1614 Neige (Jura).
1615 Alsace.
1616 Paysage.
1617 Paysage.
1618 Fleurs.

FERON (Julien), né à St-Jean-du-Cardonnay. — Le Houlme (S.-Inf.).

1619 Fête foraine.
1620 Effet d'automne.
1621 Moulin de la folie.
1622 Effet de neige.
***1623** Pommiers en fleurs (appartient à M. Delahalle,
***1624** Pommiers en fleurs (appartient à M. Dadaut).

FERRANDOUX (Paul), né à Blois (L.-et-C.). — 2, avenue de Grammont, Tours (Indre-et-Loire).

***1625** Paysage de Touraine (appartient à l'auteur).
***1626** Luynes (appartient à l'auteur).
***1627** Juin (appartient à l'auteur).

FESCHOTTE (Henri), né à Lyon. — 72, rue de Pologne, Saint-
Germain-en-Laye.

1628 Paysage (pastel).
1629 Paysage (pastel).
1630 Paysage (pastel).
1631 Paysage (pastel).
1632 Paysage (peinture).
1633 Paysage (peinture).

FESNEAU (Auguste-Henri), né à Paris. — 17, rue Joseph-Gaillard,
Vincennes (Seine).

1634 Effet de soir en mer.
1635 Effet de nuit à Longemer (Vosges).
1636 Nuit d'été à St-Cirq-la-Popie (Lot).
1637 Les bords de la Cure à Arcy (Yonne).
1638 Estuaire de la Tamise, la nuit.
1639 Reflets de lune en mer.

FIDRIT (Charles-André), né à Paris. — 1, rue Paul-Féval, 18e.

1640 Route en Bourgogne.
1641 Bouleaux.
1642 Bords d'Yvette.
1643 Eté.
1644 Soir d'automne.
1645 Jardin au soleil.

FIEBIG (Frédéric), né à Talsen (Courlande). — 19, r. Daguerre, 14e.

1646 Corre del Greco.
1647 Le marché à Nice.
***1648** Capri (appartient à l'auteur).
1649 Capri.
1650 Rome.
1651 Les platanes.

FILIGER (Charles), né à Thann (Alsace). — Chez le secrétaire de la Mairie, à Plougastel-Daoulas (Finistère).

***1652** Sainte-Thérèse (appartient à M. le comte de La Rochefoucauld).

***1653** Sainte-Thérèse (appartient à M. le comte de La Rochefoucauld).

***1654** Panneau décoratif (appartient à l'auteur).

***1655** Panneau décoratif (appartient à l'auteur).

***1656** Panneau décoratif (appartient à l'auteur).

***1657** Panneau décoratif (appartient à l'auteur).

FILLEY (Georges), mort pour la France. — S'adresser à M. Fidrit, 1, rue Paul-Féval, 18ᵉ.

1658 Vieillard sommeillant.

1659 Nu.

1660 Nature morte.

1661 Paysage.

1662 Portrait de l'auteur.

1663 Oranges et bananes.

FIOCRE (Alexandre), né à Paris. — 15, r. Hégésippe-Moreau, 18ᵉ.

1664 Ophélie.

1665 Une lecture intéressante.

1666 L'église de la Clarté.

1667 La lande près de Ploumanach.

1668 Quelques rochers de Ploumanach.

1669 Maisons de pêcheurs à la Clarté.

FISCHER (Ellen), né en Danemark. — 17, avenue du Docteur-Durand, Arcueil (Seine).

1670 Coin de jardin.

1671 Potiron.

1672 Paysage.

1673 Jardin.

1674 Fleurs.

1675 Nature morte.

FISCHER (Adam), né en Danemark. — 17, avenue du Docteur-Durand, Arcueil (Seine).

1676 Statuette (plâtre).

1677 Portrait de femme (terre cuite).

1678 Femme assise (terre cuite).

1679 Femme se coiffant (terre cuite).

FLAUBERT (Louis), né à Paris. — 44, rue Daguerre, 14e.

1680 1914 Statuette.
1681 Yola (buste).
1682 Encrier et coupe-papier (Les cygnes) en bronze.
1683 Projet de tombeau (prix à discuter).
***1684** Portrait de Mme X... (appartient à l'auteur).
1685 Vide-poche (terre cuite).

FLOROT (Gustave), né à Paris. — 18, rue de Chabrol, 9e.

1686 Pandore.
1687 Perséphone.
1688 L'écho.
1689 Hermaphrodite.

FLOURENS (René), né à Paris. — 49, rue de Passy, 16e.

1690 La corderie.
1691 Le soir.
1692 Femme.
1693 Saint-Goustan (église).
1694 Tête.
1695 Le tombeau.

FONTAINAS (Andrée), née à Paris. — 54, av. de Saxe, 15e.

1696 L'après-midi au bord de la mer.
1697 Le bain.
1698 Nature morte (tomates).
1699 Nature morte (pommes).
***1700** Nature morte (oranges) appartient à l'auteur.

FORESTIER (Etienne), né à Paris. — 5, rue Guillaume-Tell, 17e.

1701 Poilus ramenant la victoire (bronze).
1702 Impression de danse (plâtre).
1703 Impression de danse (plâtre).
1704 Impression de danse (plâtre).
1705 Impression de danse (plâtre).
1706 Impression de danse (plâtre).

FORNEROD (Rodolphe), né à Lausanne. — 3, avenue Junot, 18e.

1707 Les Baux (Provence), ruine du château féodal.
1708 Les Baux (Provence), les nuages.
1709 L'enfant aux marguerites.
1710 Femme à l'éventail vert.
1711 Tête de jeune fille.
1712 Tête d'enfant.

FOUCAULT (Georges), né à Montereau (S.-et-M.). — 22 bis, avenue Carnot, à Villeneuve-Saint-Georges (S.-et-O.).

1713 Nature morte.
1714 Nature morte.
1715 Nature morte.
1716 Nature morte.

FOUJITA (Tsugouharu, né à Tokio (Japon). — 5, rue Delambre, 14°.

1717 Dahlias (peinture à l'huile).
1718 Paysage (peinture à l'huile).
1719 Paysage (peinture à l'huile).
1720 La cage (peinture à l'huile).
1721 Oiseaux (aquarelle).
1722 Zodiaque (aquarelle).

FOURCADE (Emile), né à Tonneins (Lot-et-Garonne). — villa Bellevue à Villeneuve-sur-Lot (Lot-et-Garonne).

1723 Bords du Lot (rocher de la Devine), près Villeneuve-sur-Lot.
1724 Bruyères et château féodal (Lot-et-Garonne).
1725 Bords de la Garonne (Pyrénées).
1726 Bruyères dans la Creuse.
1727 Bords de la Nive.
1728 Bords de la Nive.

FRANCK (Maurice-Félix), né à Paris. — 2, rue des Haudriettes, 3°.

1729 Soleil en forêt de Fontainebleau (gouache).
1730 Marée montante à Berck (pastel).
1731 Crépuscule à Fondettes (pastel).
1732 Le bras du chapitre à Créteil (peinture à l'huile).

FRANCK (Henri), né à Grenoble (Isère). — Chez M. François Flandrin, 38, rue Lépante, Nice (Alpes-Maritimes).

1733 Les baigneuses.
1734 Une route, Nice (1919).
1735 La dame blanche.

FRANCK (Boggs), né à Nanterre. — 15 bis, rue Cauchois 18°.

1736 Fantaisie satyrique.
1737 La danse.
1738 Fantaise moderne (le bruit).
1739 Nocturnes.
1740 Aphrodites.
1741 Au temple.

FRANKEL (Alexandre), né à Zara (Italie). — 64, rue de Lévis, 17°.

1742 Le retour du maréchal.
1743 1919.
1744 Les souvenirs.
1745 Le pinard.
*1746 L'auteur (appartient à l'auteur).
1747 Danseuse à la barre.

FRAYE (André), né à Nantes. — 19, rue Poncelet, 17°.

1748 Nu au divan noir.
1749 L'écharpe à damier.
1750 La voile blanche.
1751 Paysage.
1752 Le port.
1753 Le jardin.

FREDERIC-PLESSIS (Charlotte), née à Paris. — 22, rue de Staël.

1754 Paysage.
1755 Paysage.
*1756 Portrait, appartient à Mlle B...
*1757 Etude, appartient à Mme P...
1758 Paysage.
*1759 Illustration, appartient à l'auteur.

FREMAUX (Albert), né à Liège (Belgique). — 7, rue de Viroflay, 15°.

1760 Nature morte.
1761 Nature morte.
1762 Peinture sur velours.
1763 Vieille Charentaise.
1764 Autour du fanion (Ire visite de M. Poincaré au front).
1765 Paysage.

FREMONT (Pierre-Louis), né à Paris. — 79, rue du Temple, 3°.

1766 La Seine à Herblay (le passage).
1767 La Seine à Herblay (la crue).
1768 La Seine à Herblay (la crue).
1769 La Seine à Herblay (petit bras).
1770 La Seine à Herblay (petit bras).
1771 La Seine à Herblay (petit bras).

FRESSINGUES (Jane), née à Angoulême. — 31, rue Delambre, 14e.

1772 Paysage.
1773 Nature morte.
1774 Nature morte.
1775 Marine.

FREY, né à Londres. — Galerie Vildrac, 11, rue de Seine, 6e.

1776 Peinture.
1777 Peinture.
1778 Peinture.
1779 Peinture.
1780 Grande peinture.

FRIESZ (Emile-Othon), né au Havre. — 73, rue N.-D.-des-Champs.

1781 La danse (fragment décoratif pour salle de danse).

FRIKER (Charles), né à Angers. — 6, pass. des Abbesses, 18e.

1782 Le Borda à Cherbourg (1914).
1783 Le point X aux Eparges (1915).
1784 Les Martigues.
1785 Les Martigues.
1786 Les Martigues.
1787 Le Pont-Marie (Paris).

FRY (Roger), né en Angleterre. — Galerie Vildrac, 11, rue de Seine.

1788 Paysage aux Martigues.
1789 Paysage près d'Aix.
1790 Paysage en Provence.
1791 Paysage en Provence.
1792 Paysage en Provence.

FUERST (Walter-René), né à Vienne. — 9, place du Panthéon.

1793 Terres rouges (Pentelique, Grèce).
1794 Nature morte.
1795 L'église de Kaisariani (Grèce).
1796 Enfant malade.
1797 Bouilloires.
1798 Enfant aux pommes.

GAILLARD (Marcel), né à Abbeville (Somme). — 139, boulevard Saint-Michel, 5e.

> ***1799** Portrait.
> **1800** Nature morte.
> **1801** Paysage.
> **1802** Paysage.
> **1803** Paysage.
> **1804** Nature morte.

GALAND (Jules), né à Paris. — 8, rue Saint-Simon, 7e.

> **1805** A Douélan (Bretagne).
> **1806** A Fez (Maroc).
> **1807** A Moulay-Idriss (Maroc).
> **1808** A Safi (Maroc).
> **1809** Sampans sur la fleuve (Tonkin).
> **1810** Barques annamites.

GALANIS (Dimitrios), né à Athènes. — 12, rue Cortot, 18e.

> **1811** Figures.
> **1812** Nature morte.
> **1813** Nature morte.
> **1814** Figure.

GALARD (Mlle Marthe), née à Bordeaux. — Lagor (Bas.-Pyr.).

> **1815** Paysage en Béarn.
> **1816** Fleurs.

GARDELLE (Mlle Charlotte), née à Galatz (Roumanie). — 29, boulevard des Batignolles, 17e.

> **1817** Nuit de Saïgon.
> **1818** Femme au jardin blanc.
> ***1819** Prince R...
> **1820** Placidité.
> **1821** Danses à la lune.
> **1822** Danses au soleil.

GARDENTY (Georges-Alexandre), né à Paris. — 13, impasse Mousseau, Saint-Ouen (Seine).

> **1823** Le bal (en Bretagne).
> **1824** Procession.
> **1825** Fête foraine.
> **1826** Fête Dieu.
> **1827** Saint-Yvy.
> **1828** L'armistice.

GARNIER (Emile), né à Strasbourg. — 58, boul. de Strasbourg, 10e.

1829 Panier de roses.
1830 Verre de roses.
1831 Chrysanthèmes et violettes.

GASPARD-MAILLOL, né à Barcelone (Français). — 6, rue Thibaud, à Marly-le-Roi (S.-et-O.).

1832 Belle journée d'automne (peinture).
1833 Décor automnal (Marly) (peinture).
1834 Paysage d'automne (Marly) (peinture).
1835 Dans le tramway de St-Germain (peinture à l'eau).
1836 Demi-nue (peinture à l'eau).
1837 Profil de jeune fille (peinture à l'eau).

GAULET (Henri), né à Paris. — 84, chaussée de l'Etang, Saint-Mandé (Seine).

1838 Femmes du Hiolo se rendant au marché.
1839 Paysanne corse sur sa mule.
1840 Paysage en Italie.

GAUTHIER-VILLARS (Yvonne), née à Paris. — 9, rue Vaneau, 7e.

1841 Nature morte.
1842 Nature morte.
1843 Nature morte.

GEORGE (Joseph-Auguste), né à Baccarat (M.-et-M.). — 161, rue de la Chapelle, 18e.

1844 Effet de nuit dans les Vosges.
1845 La maison de Joncheray (devant laquelle fut tué le premier soldat français, le 2 août 1914).
1846 La Meurthe à Lunéville, en 1915 (aquarelle).
1847 Effet de nuit sur l'étang de Fère-en-Tardenois (aquarelle).
1848 Matinée de printemps (aquarelle).

GEORGITZ (Michel de), né en Russie (Bessarabie). — 72, avenue de Villiers, 17e.

***1850** Intérieur, appartient à Mme G...
1851 Dans l'atelier du peintre.
1852 La grande chaumière.
1853 Etude.

GERBER (Pierre), né à Paris. — 2, rue de Ponthieu, 8e.

1854 Etude de nu.
1855 Versailles.

GEREBTSOFF (Mlle Anne), née en Russie. — 9, rue Falguière, 15e.

1856 Portrait de S. M. l'Empereur Nicolas II.
1857 L'Aigle impérial russe.
1858 Paysage.
1859 Les Saints protecteurs des soldats.
1860 Paysage.
1861 Paysage.

GERMY (Pierre-René), né à Epernay. — 7, rue Suger, 6e.

1862 Le chemin de l'âne rouge.
1863 Matinée sur la Seine.
1864 Le chemin des contrebandiers.
1865 Les émigrés.
1866 La Marne.
1867 Derniers rayons.

GERSON (Cécile), née à Bucarest. — 74, rue de Provence, 9e.

1868 Narcissette.
***1869** Portrait de M. Paul Sentenac, appartient à M. Paul Sentenac.
1870 Au bar.
1871 Petit marchand roumain.
1872 Roses dans un pot bleu.
1873 Bouquet de roses.

GILARDONI (Joseph), né à Paris. — 17, av. Emile-Deschanel, 7e.

1874 Groupe de Bonzes.
1875 Marché annamite.
1876 Chanteuses siamoises.
1877 Femmes cambodgiennes.

GIL-MARCHEX (Mlle Jeanne), née à Tulle. — 123, boul. St-Michel.

1878 Les trois couples.
1879 Amour triste.
1880 Baiser.
1881 Promenade.
1882 Marché aux légumes.
1883 Au restaurant.

GIMMI (W.), né à Zürich (Suisse). — 41, quai d'Anjou, 4°.

1884 Portrait de femme.
1885 Intérieur d'atelier.
1886 Intérieur avec figures.
1887 Femme assise.
1888 Nature morte.

GINSBOURG (David), né à Dwinsk (Russie). — 4, rue du Texel, 14°.

1889 Portrait (plâtre).
1890 Souvenir (bois).
1891 Dessin.
1892 Dessin.
1893 Dessin.
1894 Dessin.

GIRAN-MAX (Léon), né à Paris. — 6, rue Coustou, 18°

1895 Hamlet.
1896 Toréador.
1897 Sorcier.
1898 Eve.
1899 Nue.

GISLAIN (Joseph de), né à Bastia (Corse). — 91, av. de la Muette.

*1900 Portrait de Mme C...

GLATZER (Simon), né en Russie. — 3, rue Vercingétorix, 14°.

1901 Adam et Eve.
1902 La ville.
1903 Portrait de famille.
1904 Une tête.
*1905 Gravures sur bois.
*1906 Miniatures.

GLEIZES (Albert), né à Paris. — 15, boulevard Lannes, 16°.

1907 Clown.
1908 Acrobates.
1909 Cirque.
1910 Voltige.
1911 Music-Hall.
1912 Gitanes.

GOBION (Pierre-Alexandre-Emmanuel), né à Paris. — 22, rue Saint-Augustin, 2ᵉ.

1913 Jardin du Vert-Galant (Pont-Neuf).
1914 Jardin du Vert-Galant (Pont-Neuf).
1915 Jardin du Vert-Galant (Pont-Neuf).
1916 Le pont Saint-Michel (fin d'après-midi).
1917 Le pont des Tuileries (matin).
1918 Vieux chaumes à Jouy (E.-et-L.) (plein midi).

GOERG (Édouard), né à Sydney (Australie). — 118, boulevard du Montparnasse, 14ᵉ.

1919 La classe.
1920 Le mariage.
1921 L'après-midi d'un faune.
1922 L'homme jaune.

GOICHOT (Louise).

1923 Au soleil.
1924 Dans mon jardin.
1925 Roses.
1926 Hortensias.
1927 Nature morte.
1928 Allée de mon jardin.

GONDOUIN (Emmanuel), né à Versailles. — 51, rue de Passy, 16ᵉ.

1929 Paysanne.
1930 L'Archange.
1931 Jeune bretonne.
1932 Portrait de femme.
1933 Portrait de Gondouin.
1934 Étude de feuillage.

GONZALEZ (Julio), né à Barcelone (Espagne). — 1, rue Leclerc, 15ᵉ.

1935 Pastel.
1936 Pastel.
1937 Pastel.
1938 Pastel.
1939 Pastel.
1940 Pastel.

GOSSELIN-CIZALETTI (Mlle Emilie), née à Paris. — 18, rue Tronchet, 9e.

1941 Vitrine bijoux :
Grosse fleur argent.
Broche rose argent topaze.
Broche ivoire (buste femme).
Croix argent hématite.
Collier argent doré fleurettes.
Bracelet argent doré fleurettes.
Pendentif argent ébène.
Bracelet argent lapis.
Boutons de manchettes argent topaze.
Epingle de cravate argent topaze.
Epingle de cravate turquoise.
Bracelet fleurettes topaze.
Pendentif marguerite argent topaze.
Petite rose broche argent.
Bague argent nacre triangle.
Bague égyptienne argent perle.
Bague grosse turquoise couronne argent.
Bague poilu argent.
Bague chat argent
Bague argent topaze 3 roses.
Bague vieil argent améthyste.
Fer à cheval breloque argent.
1942 Vitrine cuir :
Buvard cuir repoussé (paysage).
Couverture livre cuir repoussé (rose).
Couverture livre cuir repoussé (paysage).
Sac avec fermeture.
Sacoche cuir repoussé rose.
Porte-cartes rose.
Sac cuir monture bois sculpté.

GOUMOIS (William de), né à Bâle (Suisse). — 91, Riehenstrasse, Riehen, Bâle (Suisse).

1943 Port Arton à Belle-Ile.
1944 A travers les flots.

GOZARE (L.), né à Vilna (Russie).

***1945** L'esclavage (statuette plâtre).
***1946** Ruine (statuette plâtre).
***1947** Portrait d'un aveugle (plâtre).

GRABOROSKA (Mlle Caroline), née à Lublin (Pologne). — 14, rue Boissonade, 14e.

***1948** En Normandie, appartient à Mme G...
***1949** Mon jardin, appartient à Mme G...
1950 Au Taouët.
***1951** A Loquiric (mer houleuse).
1952 Nature morte (fleurs).
1953 Vitré.

GRANCHET (André), né à Mende (Lozère). — 38, rue Ramey, 18e.

1954 Paysage à Sortival (Seine-Inférieure).
1955 Paysage à l'Ile-Saint-Denis.
1956 Maisons au bord de la Seine (Epinay).
1957 Une arche du pont d'Epinay.
1958 Arbres à l'automne à Sortival (Seine-Inférieure).
1959 Portrait d'un vieux paysan (Seine-Inférieure).

GRANDJEAN (Henri-Etienne), né à Paris. — 4, rue Greffulhe, Levallois-Perret (Seine).

1960 Paysage.
1961 Rochers à Fouras.
1962 Automne.
1963 La péniche.
1964 Les Tuileries.
1965 Paysage à Bry-sur-Marne.

GRANZOW (Vladislav), né à Varsovie. — 7, boul. Lannes, 16e.

1966 Baignade.
1967 Vase vert.
1968 Ramasseuse d'olives.
1969 Chambre ensoleillée.
1970 Portrait clair.
1971 Gamine au rocher.

GRASSET (Albert), né à Rambouillet (S.-et-O.). — 17, rue Desfosez, Saint-Cloud (Seine-et-Oise).

1972 Pommiers en fleurs.
1973 Le verger.
***1974** Printemps (temps gris), appartient à M. B...
1975 Soir de printemps.
1976 Automne.»
1977 Automne (derniers rayons).

GRASSIN (Alexandre-Marie), né à Courcival (Sarthe). — 7, rue des Rondeaux, Andilly (S.-et-O.).

1978 Côte bretonne.
1979 Village d'Andilly.
1980 Nature morte.
1981 Chapelle de Trémalo.
1982 Moulin.
1983 Maisonnette.

GREGOIRE (Mlle Marthe-Henriette), née à Paris. — 18, rue de Médéah, 14e.

*__1984__ Roses au vase bleu, appartient à l'auteur.
1985 Anémones et mimosa.
*__1986__ Glaïeul, appartient à l'auteur.
1987 Soucis.
1988 Entrée de parc.
1989 Verrerie et fleurs.

GRENIER (Albert), né à Neuilly-sur-Seine. — Villiers-sur-Morin (Seine-et-Marne).

1990 Les dindons.
*__1991__ Enfant et fleurs, appartient à Mme A. G..
1992 Amis (enfant, chien, chèvre).
1993 Sur le Morin (automne).
1994 Mon jardin.
1995 Contre jour (pommier en fleurs).

GREUILLET (Mme Marie), née à Paris. — 47, rue Blomet, 15e.

*__1996__ Vieillard lisant.
1997 Dans un coin de l'atelier.
1998 Dahlias et coquillages.

GRIMBERT-GARLANDIER (Renée), née à Versailles. — 11, rue Duroc, 7e.

1999 Le goûter.
2000 Le hêtre pourpre.
2001 La corbeille de géraniums.
*__2002__ Chrysanthèmes blancs.
2003 Le lac.

GRIS (Juan), né à Madrid. — 13, place Émile-Goudeau, 18e.

***2004** Figure, appartient à M. L. Rosenberg.
***2005** Nature morte, appartient à M. L. Rosenberg.

GROGNET (Amédée), né à Woincourt (Somme). — 18, rue Ernest-Cresson, 14e.

2006 Vallon en Picardie.
2007 Mers-les-Bains.
2008 Moisson à Woincourt (Somme).
2009 Nature morte : citrons.
2009 *bis* Nature morte : oranges.

GROMAIRE (Marcel), né à Noyelles-sur-Sambre (Nord). — 189, rue de Vaugirard, 15e.

2010 Musiciens mendiant.
2011 Nu.
2012 Nature morte.
2013 Dessin.
2014 Dessin.
2015 Dessin.

GROSVALD (Joseph), né à Riga. — 8, avenue de Camoëns, 16e.

2016 Bazar en Perse.
2017 Femme de Bagdad.
2018 Procession musulmane.

GRUNHOFF (Mlle Hélène), née à Moscou (Russie). — 10, impasse du Maine, 15e.

2019 Sculpture, étude I (plâtre).
2020 Sculpture, étude II (plâtre).
2021 Sculpture, étude III (bois).
2022 Sculpture bas-relief, jongleurs (plâtre).
2023 Sculpture bas-relief, danse (plâtre).
2024 Marquetterie bois, danse (bois).

GUILLAIN (Marthe), née à Charleroi (Belgique). — 16, chemin des Bruyères, Sèvres (Seine-et-Oise).

2025 Dans le jardin.
2026 En plein soleil.
2027 Atelier de couture.
2028 La fabrique (paysage).

GUILLAUMET (Yvonne), née à Paris. — 47, rue de Passy, 16ᵉ.

2029 La Rochelle: L'entrée du port.
2030 La Rochelle: Le quai Duperré.
2031 La Rochelle: Vieille église.
2032 La Rochelle: La tour Saint-Nicolas (matin).
2033 La Rochelle: Les tours de la Chaîne et de la Lanterne.
2034 La Rochelle: Coin de port, le soir.

GUILLAUMOT (Rémy-Marcellin), né à Domrémy (Hte-Marne). — 63, rue de l'Amiral-Roussin, 15ᵉ.

2035 Chrysanthèmes (peinture).
2036 Rue du Halage, Rouen (peinture).
2037 Fontaine à Villeneuve (peinture).
2038 Matin à Villeneuve (peinture).
2039 Automne à Villeneuve (peinture).
2040 Impasse Miollis, l'hiver (pastel).

GUILLOUX (Charles), né à Paris. — 26, rue de la Cour-des-Noues.

2041 L'Ile d'Herblay.
2042 Lever de lune.
2043 Eglise de La Frette.
2044 Le val d'Herblay.
2045 Amandier en fleurs.
2046 Printemps.

GUINHALD (Bernard Schauffler de), né à St-Calais (Sarthe). — 18, avenue Rachel, 18ᵉ.

2047 Sur le glacier du Tour.
2048 A Cavalaire (Var).
2049 Etang de Villebon (S.-et-O.).
2050 La Turbie.
2051 Gravures sur bois.
2052 Estampes.

GUINNESS (Mary), né à Tibbraden, Dublin. — 12, rue de la Grande-Chaumière, 6ᵉ.

2053 Paysanne irlandaise.
2054 Nature morte.
2055 Fleurs d'automne.
2056 Les femmes malheureuses.
2057 Dessin décoratif.
2058 Vents de printemps.

GUTFREUND (Ota), né à Prague. — 87, rue d'Hauteville, 10e.

2059 Tête d'homme (terre cuite).

GUYOT (Georges), né à Paris. — 13, place Emile-Goudeau, 18e.

2060 Nature morte (faisan et perdrix).
***2061** Intérieur (chat et poissons rouges), appartient à M. Paul Pitt.
2062 Intérieur (perroquet et fleurs).
***2063** Art décoratif (un paravent).
***2064** Portrait du peintre Giran-Marx, appartient à M. Giran-Max.

GUYOT (Emile), né à Saint-Denis (Seine). — 13, rue Alexandre-Ribot, Epinay (Seine).

2065 Le soir à Anvers.
2066 La Seine à Epinay (2 janvier 1920).
2067 Nature morte.

GYANINY (Géo), né à Paris. — 19, rue d'Orsel, 18e.

2068 Vallée de la Creuse.
2069 Vieille maison.
2070 Le pont Noir.
2071 Les peupliers jaunes.
2072 Le moulin de la Prune.
2073 Effet de neige.

HAAS (Mlle Lisette), née à Paris. — 12 bis, rue Pergolèse, 16e.

2074 Le jardin du Valdeyron.
2075 La Beaume.
2076 Le Valdeyron (Gard).
2077 Nature morte.
2078 Vue des Cévennes.
2079 Vue des Cévennes.

HAINAUT (Berthe), née à Bohain (Aisne). — 41, boul. St-Jacques.

2080 L'ancêtre.
2081 La vieille Mannick.
2082 La Chapelle de la Bonne-Nouvelle, à Loc-Ronan (Bretagne).
2083 Le Château du Rosmœur, à Douarnenez (Bretagne).
2084 Le cimetière de Tréloul (Bretagne).
2085 Enfant de pêcheur (Bretagne).

HALICKA (Alice), née à Cracovie. — 61, rue Caulaincourt, 18e.

2086 Portrait de l'artiste.
2087 Portrait intérieur.
2088 Portrait.
2089 Portrait.
2090 Nature morte.
2091 Nature morte.

HAMON (François), né à Rennes. — 9, rue Lobineau, Rennes.

2092 Nature morte (vieux métaux).
2093 Nature morte (les pêches).
2094 Paysage (Cleunet).
2095 Paysage (La Herpe).
2096 Paysage (La Gueneulais).
2097 Portrait de X.

HANRIOT (Jules-Armand), né à Arpajon (S.-et-O.). — 16, rue Choron, 9e.

2098 Ginette.
2099 Lucette.
2100 Yvette.
2101 Chrysis.
2102 Faunesse.
2103 Sylvia.

HANRIOT (Yvonne), née à Saint-Mandé. — 19, rue St-Antoine, 4e.

2104 Petite fille tunisienne.
2105 Nature morte.
2106 Paysage.
2107 Portrait.
2108 Vieilles maisons à Cusset.
2109 Paysage.

HARANGER (Paul), né à Paris. — 94, rue St-Lazare, 9e.

2110 Pont-Neuf.
2111 L'Isle-Adam.
2112 Chartres.

HASSELT (Van Willem), né à Rotterdam (Hollande). — 1, rue Gaillard, 9e.

    *2113 Portrait, appartient à l'auteur.
    *2114 Portrait (appartient à Mme L...).
    2115 Glaïeuls.
    2116 Les vases bleus.
    2117 La Laïta.
    2118 Sous le figuier.

HAYDEN (Henri), né à Varsovie. — 205 bis, boulevard Raspail.

    *2119 Femme à la guitare, appartient à M. L. Rosenberg.
    *2120 Nature morte, appartient à M. Léonce Rosenberg.
    *2121 Nature morte, appartient à M. Léonce Rosenberg.
    *2122 Nature morte, appartient à M. Léonce Rosenberg.
    *2123 Nature morte, appartient à M. Léonce Rosenberg.

HAYEM (Simone-Lucie), née à Paris. — 21, boul. Beauséjour, 16e.

    2124 Rayons de soleil dans le brouillard.
    2125 Le Pont-Royal à l'automne.
    2126 Automne.
    2127 Le Pont-Royal au printemps.
    2128 Le Pont des Saints-Pères au printemps.
    2129 Pins.

HAYNON (Paul), né à Paris. — 7, rue des Dames, 17e.

    2130 Un soir d'automne dans les bois de Oisème (Eure-et-Loir) (pastel).
    2131 Le Val d'Ajol (Vosges) (pastel).
    *2132 Les pins du Cap Martin (Alpes-Marit.) (gouache), appartient à Mme P.-H. Sakhy.

HELLESEN (Thorvald), né à Christiania (Norvège). — 8, impasse Ronsin, 15e.

    2133 Peinture (I).
    2134 Peinture (II).
    2135 Peinture (III).
    2136 Peinture (IV).
    2137 Peinture (V).
    2138 Peinture (VI).

HENG (Auguste), né à la Chaux-de-Fonds (Suisse). — 14, avenue du Maine, 15e.

2139 Esclave (plâtre).
2140 Lion (plâtre).
2141 Tête de femme (marbre).

HENRY (Berthe), née à Paris. — 14, rue Lamarck, 18e.

2142 Chrysis et Demétrios, d'après l'œuvre de Pierre Louÿs (tableau en tapisserie).
2143 Impasse Simon (aquarelle).
2144 Vieilles rues de Paris (dessins à la plume).
2145 Maison de Balzac, à Passy (aquarelle).
2146 Maison de Victor-Hugo, à Gentilly (aquarelle).
2147 La Fontaine Médicis (aquarelle).

HENTZEL (Markus), né à Uppsala (Suède). — 115, rue Notre-Dame-des-Champs, 6e.

2148 Act.
2149 Composition.

HERAN-CHABAN, né en Arménie. — 99, rue de Vaugirard, 6e.

2150 Femme en blanc.
2151 Les voiliers (Martigues).
2152 Aïcha la négresse.
2153 Le chêne.
2154 L'auberge du Grand-Dauphin.
2155 Les meules (Sologne).

HERBIN (A.),

***2156** Danseuse (appartient à M. L. Rosenberg).
***2157** Danseuse (appartient à M. L. Rosenberg).
***2158** Paysage (appartient à M. L. Rosenberg).
***2159** Paysage (appartient à M. L. Rosenberg).
***2160** Paysage (appartient à M. L. Rosenberg).
***2161** Paysage (appartient à M. L. Rosenberg).

HERNANDEZ (Mateo), né à Béjar (Espagne). — 11, rue Larrey, 5e.

2162 Portrait d'enfant (peinture).
2163 Portrait d'homme (peinture).
2164 Portrait de femme (peinture).
2165 Bas-relief des lions (sculpture taille directe).
2166 Bas-relief, Nu (sculpture taille directe).
2167 Statue en volvic (sculpture taille directe).

HÉROLD (Marguerite), née à Mauves (Loire-Inf.). — 48, rue Nicolo, 16e.

2168 Portrait.
2169 Etude d'enfant (I).
2170 Etude d'enfant (II).
2171 Etude d'enfant (III).
2172 Sainte-Marine.

HEWITT (Helen), née en Angleterre. — 52, boul. du Montparnasse.

2173 Avenue du Maine.
2174 Neige sur les toits.
2175 Etude.
2176 Etude.
2177 Nature morte.
2178 Nature morte.

HILLAIRET (Anatole), né à Saujon (Char.-Inf.). — 23, rue Turgot.

***2179** Portrait de l'auteur.
***2180** Portrait de Mme D...
2181 Nu.
2182 Rue de la Bonne, Montmartre.
2183 Saint-Pierre-de-Montmartre.
2184 Parc d'Hargeville (S.-et-O.).

HITT (Mme Lucile), née à Augusta, Georgia (Etats-Unis). — Chez
M. Lefebvre-Foinet, 19, rue Vavin, 6e.

2185 Eve.

HODÉ (Pierre), 13, place Emile-Goudeau, 18e.

2186 Nature morte.
2187 Portrait.
2188 Coin de Montmartre.

HOFER (André), né à Autun (Saône-et-Loire). — 12, cité Riverin.

2189 Le jugement de Pâris.
2190 Carton de tapisserie.
2191 L'amazone.
2192 Scène champêtre (gravure sur pierre).
2193 La chanson sentimentale (gravure sur pierre).
2194 Au balcon (gravure sur pierre).

HOFMANN (Wlastimil), né à Karlin. — 51, rue du Moulin-Vert, 14ᵉ.

2195 Ziemowit, Esprit Roi, poème I. Howacki.
2196 Artiste et sa Muse.
2197 Nostalgie d'Emhelli.
2198 Réveil de la Pologne.
2199 Enfant (I).
2200 Enfant (II).

HOQQ (Paul), né à Fribourg (Suisse). — 6, rue Platon. 15ᵉ.

2201 Montagnes.
***2202** Paysage, appartient à Mᵐᵉ Pellerin.
2203 Nature morte.
2204 Nature morte avec fond rouge.
2205 Nature morte à la cruche.
2206 Nature morte aux pommes.

HOLT (Ada-Helena), née à Londres. —

2207 Bébé.
2208 Jeune fille.
2209 En Bretagne.
2210 Au Taouët.
***2211** Portrait de M. Delascano Teghi.
2212 Vieille rue (Vitré).

HOUETTE (Louis), né à Melun (S.-et-M.). — 3, rue Cauchois, 18ᵉ.

2213 Le noyer.
2214 Matin gris à Gourdon.
2215 Le champ de maïs.
2216 Environs de Gourdon.
2217 Intérieur.
2218 La Ferté-Milon.

HOUMANS Henri), né à Vitry-sur-Seine. — 33, avenue Bosquet, 7ᵉ.

2219 Vieux moulin à Najac (Aveyron).
2220 Frère Jacques (portrait).
2221 La vieille chapelle à Beaulieu (Corrèze).
2222 Najac (la fontaine).
2223 Carcassonne (porte de l'Aude).
2224 Le Vigen (pont Saint-Éloi).

HOURTAL (Henri), né à Carcassonne. — 9, impasse de l'Enfant Jésus, 15e.

2225 La fontaine (Fez).
2226 Fondouk (Fez).
2227 Rue (Fez, Médina).
2228 Rue (Fez).
2229 Rue (Fez).
2230 Rue (Fez, Bab-el-Ghissa.)

HOVLAND (Laura), née à Ringerik (Norvège). — 31, rue Vaneau.

2231 Dans l'atelier.
2232 La rue.
2233 Portrait.
2234 La rue.
2235 La femme.
2236 Portrait.

HUGARD (Salvator). — 52, rue La Condamine.

2237 Les faïencières.

HUMBERT (Manuel), né à Barcelone. — 59, avenue de Saxe, 7e.

2238 Nu.
2239 Homme à table.
2240 Nature morte.
2241 Jeune homme.
2242 Nature morte.

HURARD (Joseph), né à Avignon. — 24, rue des 3-Colombes, Avignon.

2243 Amandiers en fleurs.
2244 Contre-jour (Villeneuve-les-Avignon).
2245 Route du Chêne-Vert (Avignon).
2246 Paysage de Provence.

HUYOT (Albert), né à Paris. — 31, rue Jeanne, 15e.

2247 La jalousie.

IGOUNET DE VILLERS (Charles-André), né à Paris. — 77, rue Dareau, 14e.

    2248 Les jardins du Carrousel et le Louvre.
    2249 Le pont de la Tournelle le matin (aval).
    2250 Démolition du pont de la Tournelle (amont).
    2251 Au jardin du Carrousel, le matin.
    2252 Le Pavillon de Flore.
    2253 Nature morte.

JACQUEMOT (Charles), né à Tours. — 10, rue Seveste, 18e.

    2254 La tour, composition décorative (1914).
    2255 Rocquepailhol, composition décorative.
    2256 Le reflet sur la maison.
    2257 Chapelle Notre-Dame.
    2258 Roussi.
    2259 Le Lot à Entraygues.

JAGOU (Jules), né à Brest. — 43, rue Vital, 16e.

    2260 Grande côte, Le Pouliguen.
    2261 Tour de l'Abreuvoir (Guérande) (aquarelle).
    2262 Environs de Batz.
    2263 Quémigisen (Guérande) (aquarelle).
    2264 Paysage de l'Yonne.
    2265 Marine (aquarelle).

JAHL (Ladislas), né à Jaroslaw. — Chez M. Kisling, 3, rue Joseph-Bara, 6e.

    2266 Nature morte.
    2267 Nature morte.
    2268 Composition.
    2269 Paysage.
    2270 Étude.
    ***2271** Paysage.

JANDRON (Françoise-Louise, née à Lyon. — 35, rue de Lorraine, Saint-Germain-en-Laye (S.-et-O.).

    2272 Marché à Senlis (pastel).
    ***2273** Dans la forêt (pastel), appartient à M. G...
    2274 Le soir (pastel).
    2275 La forge (peinture à l'huile).
    2276 La mare (peinture à l'huile).
    2277 Soleil couchant (peinture à l'huile).

JANSSAUD (Mathurin), né à Manosque (Basses-Alpes). — 15, impasse du Mont-Tonnerre, 15e.

2278 Sur la digue (Concarneau).
2279 Soleil couchant (Concarneau).
2280 Rue de village dans les Alpes.
2281 Fort Nord (Concarneau).
2282 Rue de village dans les Alpes.
2283 Un chemin dans les Alpes.

JANUSZEWSKI (Janus), né à Kolbuszowa (Pologne). — 86, boulevard des Batignolles, 17e.

2284 Femme nue.
2285 Portrait de M. A...
2286 Portrait de M. J...
2287 Coquelicots.
2288 Paysage.
*__2289__ Fleurs.

JAUDIN (Henri), né à Paris. — 35, rue des Arts, à Levallois-Perret (Seine).

2290 Près Gavarnie (Hautes-Pyrénées).
2291 Lac de Thoune (Suisse).
*__2292__ Saint-Guénolé (Finistère), appartient à M. J...
2293 Pont de Stalden (Suisse).
2294 Saint-Cirq-la-Popie (Lot).

JOLLY (André), né à Charleville (Ardennes). — 10, avenue Rachel.

2295 L'anse de Rospico (Bretagne).
2296 Le golfe de Porto (Corse).
2297 Les lenstiques (pointe d'Omigna).
2298 Les figuiers de Barbarie (golfe de Pero).
2299 La vendange (Corse).

JOLY (Henri), né à Hirson (Aisne). — 1, rue du Colonel-Renard.

2300 Maisons au bord du Trieux.
2301 Rochers devant l'île de Bréhat.
2302 Etude d'arbres (aquarelle).
2303 Le Trieux à marée basse (aquarelle).
2304 La baie de Pomelin (aquarelle).
2305 Estuaire du Trieux (aquarelle).

JONSSONS (E.), né à Malmœ (Suède). — 83, boul. du Montparnasse.

2306 Automne.
2307 L'aqueduc.
2308 La rose de l'Hay.
2309 Paysage.
2310 Paysage.

JOUAN (Elie), né à Mortagne-sur-Gironde (Charente-Inférieure). — 17, rue Constance, 18e.

2311 Remise des gazelles (aquarelle).
2312 Cueillette de roses (aquarelle).
2313 Repos de la baigneuse (aquarelle).
2314 Coup de vent (aquarelle).
2315 La Seine à Bougival (aquarelle).
2316 Porte du vieux château de St-Fort (aquarelle).

JOUBERT (Henri-André), né à Paris. — 2, rue de la Seine (Ile Saint-Germain), à Issy-les-Moulineaux (Seine).

***2317** Soleil couchant (juillet). Pont de Sèvres ou de l'île de St-Germain (appartient à M. S...)
2318 Soleil couché (juillet).
2319 Ile de Saint-Germain (juin). Vue du Bas-Meudon.
2320 Pont des Moulineaux (juin).
2321 Etang des Ecrevisses (septembre). Bois de Chaville.
2322 Etang des Ecrevisses (juillet).

JOUBIN (Georges), né à Digny (E.-et-L.). — 22, rue Tourlaque, 18e.

2323 Dans les pins.
2324 Dans l'Aude.
2325 Paysage du Cap Ferret.
2326 Les marronniers.

JOUHAUD (Léon), né à Limoges. — Rue Georges-Bonin, à Limoges.

2327 Une vitrine contenant dix émaux, à savoir :
 1. La pomme acide.
 2. La cueillette des roses.
 3. Retour de la châtaigneraie.
 4. La vasque fleurie.
 5. L'abandonnée.
 6. La vente du tableau.
 7. Les roches du pré.
 8. La fileuse.
 9. L'attente.
 10. La petite veuve.

JOUCHERY (Charles-Emile), né à Paris. — 3, villa Brune, 14e.

    2328 Symphonie érotique (plâtre).
    2329 Dégueuloir aux passions (plâtre).
    2330 Etude de tête d'enfant (plâtre).
    2331 Sculpture.
    2332 Réfugiés (peinture).
    2333 La valse à l'abime (peinture).

JOURDAIN-LEMOINE (André). — Sergent mitrailleur 302e R. I., Disparu près de Reims le 29 mai 1918.

    2334 Femme au gant.
    2335 Paysage (neige).
    2336 Paysage (le village).
    ***2337** Les chats (appartient à M. D...)

JOUSSET (Léon), né à Montereau — 29, r. de l'Echiquier, 10e.

    2338 Paysage d'automne.
    2339 Paysage fin d'hiver.
    2340 Les barques à Giens.
    2341 Le port à Giens.
    2342 Fleurs dans un vase.
    2343 Printemps, les premières feuilles.

JUAN (Maxime), né à Valence (Espagne). — 10, rue Saint-Albin, au Grand-Montrouge (Seine).

    2344 Les chrysanthèmes.
    2345 Quai de la Tournelle (par temps de neige).
    2346 Les marguerites.
    2347 Fleurs et raisins.
    2348 Œillets.
    2349 Abricots et pêches.

JUILLERAT (Hélène), née à Moutier. — 72, bd de Port-Royal, 5e.

    2350 Sapins.
    2351 Le champ d'avoine.
    2352 Les dômes.
    2353 Nature morte.
    2354 Genêts.
    ***2355** Les pigeons (paravent), appartient à Mme M...

JULLIOTT (Made), né à Thomery (S.-et-M.). — 133, r. Lamarck, 18°.

2356 Marine, vieux loups de mer.
2357 Le port, soleil couchant.
2358 Le pont de l'écluse.
2359 Chaumières bretonnes.
2360 Le soir.
2361 Etude.

JUSSY (Georges), né à Paris. — 20, rue Malher, 4°.

***2362** Petite femme à Ezy (appartient à M. A. F...)
***2363** Pâturage à Anet (appartient à M. A. F...)
2364 La rue de l'Orphelinat à Meudon.
2365 Un coin de la ferme de Trivaux à Meudon.
2366 L'étang de Trivaux à Meudon.
2367 Vieille souche à Clamart.

KARPELÈS (Andrée), née à Paris. — 27, rue du Docteur-Blanche, 16°.

2368 Le matin.
2369 Repos.
2370 Le soir.
2371 Etude.
2372 Deux fakirs.
2373 Femmes hindoues.

KAUFFMANN (Ph.), né à Paris. — 14, rue du Général-Foy, 8°.

2374 Le père Simon.
2375 Marine.
2376 San-Anastasio.
2377 Hiver.

KELLER (Richard Hans), né à Zurich. — 98, rue Caulaincourt, 18°.

2378 Intérieur.
2379 Liseuse.
2380 Nature morte (poires et pommes).
2381 Femme cousant.
2382 Nature morte (geai).
2383 Nature morte (théière).

KERGUR (Stephan), né à Cracovie (Pologne). — 139, bd St-Michel, 5e.

2384 Les lilas.
2385 Les roses jaunes.
2386 Les roses roses.
2387 Les soucis.
2388 Baigneuse.
2389 Etude.

KERMADEC (Eugène-Nestor de), né à Paris. — 18, rue Mabillon, 6e.

***2390** Bleu (appartient à M. Chéron).
***2391** Dandy au café (appartient à M. Chéron).
***2392** Volume douloureux (appartient à l'auteur).
***2393** Pyjama rouge, nature morte (app. à M. Chéron).
2394 Eglogue moderne.
***2395** Repos (appartient à M. Chéron).

KERNEUR (H.-J.), né à Angers. — 1, rue Amelot, 11e.

2396 Chemin creux à Penly.
2397 Kewbridge (1re vue).
2398 Kewbridge (2e vue).
2399 Derrière le rideau.
2400 Une ruelle à Carrières.

KICKERT (Conrad). — 26, rue du Départ, 14e.

2401 Le grand paysage (1915).
2402 Coucher de soleil en Bretagne (1917).
2403 L'arc-en-ciel (1917).
2404 L'été à Gheluwsteen (1919).
2405 Les tulipes (1919).
2406 Nature morte (1918).

KIKOÏNE (Michel), né à Gouel (Russie). — 2, pas. de Dantzig, 15e.

***2407** Paysage (appartient à M. Chéron).
2408 Nu (étude).
2409 Nature morte (pommes).
***2410** Cruche et fleur (appartient à M. Chéron).
2411 La rue à Clamart.
***2412** Etude (appartient à M. Hetter).

KISTER (Robert), né à Paris. — 1, avenue Junot, 18e.

    2413 Femme couchée.
    2414 Le miroir.
    ***2415** Portrait de Mme K... (appartient à Mme K..)
    2416 Le modèle.
    2417 Intérieur.
    ***2418** Portrait (appartient à Mlle R. K..)

KLEIN (Victor), né à Paris. — 18, rue Gustave-Zédé, 16e.

    ***2419** Portrait de M. G. D... (appartient à M. G. D...)
    ***2420** Portrait sous l'ombrelle (appartient à M. M...)
    2421 Méditation.
    2422 Etude.
    2423 Dessin.
    2424 Dessin.

KLEINMANN (Alice-Adèle), née à Paris. — 57, rue Caulaincourt, 18e.

    2425 Figure.
    2426 Figure.
    2427 Taissy près Reims en 1914 (aquarelle).
    2428 Aubazine en Corrèze.
    2429 Roches roses du Coiroux (Corrèze).
    2430 Etude décorative.

KOUSNETZOFF (Constantin), né en Russie. — 147, boulevard
Montparnasse, 6e.

    2431 Paysage.
    2432 Paysage.
    2433 Paysage.
    2434 Paysage.
    2435 Paysage.
    2436 Paysage.

KVAPIL (Charles), né à Anvers. — 233, rue d'Alésia, 14e.

    2437 Ma campagne.
    2438 Portrait de femme.
    2439 Péniche sombrée.
    2440 Les peupliers.
    2441 Bras Saint-Jean (paysage).
    2442 Nature morte.

KROHG (Per), né à Christiania (Norvège). — 3, r. Joseph-Bara, 6e.

2443 L'escalier de la cave.
2444 La femme dans le fauteuil.
2445 L'homme au cigare.

LABATH (Fernand), né à Bordeaux. — 6, rue Asseline, 14e.

*2446 Portraits.
2447 Courtisanes.

LABOUREUR (J.-E.), né à Nantes. — 19, rue de Ponthieu, 8e.

2448 Le chapeau rose et noir (peinture).
2449 La receveuse (gravure au burin).
2450 Le policeman américain (gravure au burin).
2451 Dockers méricains (gravure au burin).
2452 Au balcon (gravure au burin).
2453 Le tir forain (gravure au burin).

LACOURT (Gaston de), né à Paris. — 130 ter, bd de Clichy, 18e.

2454 Nocturne (marine).
2455 Tirailleur (portrait).

LACROIX (Pierre-Gabriel-Bravard), né à Doyet (Allier). — 121, rue de Rome, 17e.

2456 Etude, forêt de Marly (aquarelle).
2457 Matin d'automne (aquarelle).
2458 Clairière (aquarelle).
2459 Martins-pêcheurs (aquarelle).
2460 Traquets (aquarelle).
2461 Chevaliers sur la neige (aquarelle).

LADUREAU (Pierre), né à Dunkerque. — 12, rue de l'Armorique, 15e.

2462 Le cap Camarat (Saint-Tropez).
2463 La Calanque (Monts des Maures).
2464 Baie de Morgat (Bretagne).
2465 Baie de Douarnenez (Bretagne).
2466 Saint-Tropez.
2467 Saint-Tropez.

LAFORET (Tony), né à Florence. — 114, rue de Vaugirard, 15e.

2468 Rochers de l'île Ste-Marguerite et l'Esterel, Cannes.
2469 Kippel sous la neige (Haut-Valais).
2470 Le Bietschorn au matin (Haut-Valais).
2471 Coucher de soleil sur le Bietschorn (Haut-Valais).
2472 Coupe de fruits.
***2473** Le fardier (jouet en bois découpé), app. à l'auteur.

LAFOURCADE (Léon), né à Biandos (Landes). — 78, r. Lafayette, 9e.

2474 Navire rentrant au port.
2475 Mer grise.
2476 Port de la Rochelle.
***2477** Rocher de Bretagne.
2478 Étude.
2479 Un soir.

LAFUGIE (Mlle Léa), née à Paris. — 17, rue Saint-Senoch, 17e.

2480 Portrait de Mlle M...
2481 Vieille périgourdine.
2482 Jeune fille.
2483 Les chrysanthèmes.
2484 Fleurs jaunes.
2485 La poupée.

LAGAR (Celso), né à Ciudad-Rodrigo (Espagne). — 7, rue Lakanal (Grand-Montrouge).

2486 Nu au paysage.
***2487** Nu de jeune femme, appartient à M. Netter.
2488 Nu aux rideaux rouges.
2489 Portrait de jeune femme.
***2490** Jeune fille à la chaise noire, appartient à M. Netter.
2491 Nature morte.

LAGLENNE (Jean-Francis), né à Paris. — 134, avenue de Villiers, 17e.

2492 Stylisation (gouache).
2493 Stylisation (gouache).
2494 Esquisse (gouache).
2495 Cirque (gouache).
2496 Cirque (gouache).
2497 Danseurs russes (gouache).

LAGUERRE (Bazile), né à Foix (Ariège).

2498 Soir Lamartinien.

LAGUT (Irène), née à Paris. — 67 *bis*, boulevard St-Jacques, 13e.

2499 L'arlequin.
2500 Nature morte.
2501 Nature morte.
2502 Nature morte.
2503 Nature morte.
2504 Nature morte.

LAHAISE (Edouard), né à Montréal-Saint-Martin (Canada). — 116, rue de Vaugirard, 15e.

2505 Le satyre.

LALLEMAND (Léon), né à Moyeuvre (Moselle). — 131, rue Lafayette, 9e.

2506 Le vieux Valence.
2507 Le vieux Valence.
2508 L'étang.
2509 Bords du lac.
2510 Le matin au bord du lac.
2511 Route sous bois.

LALOUE (Robert), né à Paris. — 7, square Alboni, 16e.

2512 Printemps (vallée de l'Essonne).
2513 Printemps (vallée de l'Essonne).
2514 Automne (Eure).
2515 Rade de Brest.
2516 Paysage (Bretagne).
***2517** Barques (Bretagne).

LAMBERT-CLUYSENAAR (Marie), née à Bruxelles (Belgique). — 19, boulevard Victor, 15e.

2518 Coin d'atelier.
2519 Portrait du sculpteur Vanniera.
2520 Roses.
2521 Citrons.
2522 Fleurs.

LAMBERT (Jean), né à Cracovie (Pologne). — 12, rue du Moulin-de-Beurre, 14ᵉ.

2523 Le canot.
2524 La rencontre.
2525 Le ballon.
2526 Duo.
2527 Le tambour.

LA MONACA (François), né en Italie. — 17, avenue Trudaine, 9ᵉ.

2528 Enfant à la poupée.
2529 Toilette.
2530 Pont de Saint-Cloud.
2531 Douceur.
2532 Coucher de soleil à Deauville.
2533 Paysage, Villeneuve-Saint-Georges.

LAMOUR (Charles). — 10, place Dancourt, 18ᵉ.

2534 La lettre au filleul de guerre.
2535 Femme au collier rouge.
2536 Mimi Pinson.
2537 Vers le cimetière.
2538 Moulin en ruine. (Sables-d'Olonne).
2539 Nature morte.

LANDAIS (Pierre-François), né à Saint-Suliac (I.-et-V.). — 51, avenue du Maine, 14ᵉ.

***2540** Neige à Moret, appartient à l'auteur.
2541 Bords du Loing, à Saint-Mammès.
2542 Bords de la Seine.
2543 Soleil après une ondée.
2544 Maisonnette à Veneux.
2545 Bords du Loing, à Moret.

LANGEVIN (Lucie-Eugénie), née à La Rochelle. — 55, r. de Seine, 6ᵉ.

2546 Petit portrait.
2547 Du square.
2548 Le corridor.
2549 Étude dynamique.
2550 Le violon.
2551 Grand portrait.

LANTOINE (Fernand). — 61, avenue Bel-Air, Uccle-Bruxelles.

2552 Venise.
2553 Il Mezzano.
2554 Estacade à Nieuport.
2555 Village au bord de la Meuse.

LAPIERRE (Emile), né à Cette (Hérault). — 13, rue du Four, à Compiègne (Oise).

2558 Le Faron (aspect de printemps).
2559 Les oliviers.
2560 La rade, au matin.
2561 Gros temps.
2562 Bateaux à l'abri.
2563 Les coquelicots.

LAPPARENT (Paul de), né à Paris. — 26, rue Le Regrattier, 4e.

2564 Le bois des Réservoirs (Hendaye).
2565 Subernoa (Hendaye).
2566 Chingoudy (Hendaye).
2567 La Haya, vue d'Hendaye.
2568 La plage d'Hendaye.
2569 Villa à Hendaye.

LA ROCHEFOUCAULD (Antoine de), né à Paris. — 19, rue d'Offémont, 17e.

***2570** Rivière au printemps, appartient à l'auteur.
***2571** Rivière en automne, appartient à l'auteur.
***2572** Chatel-Guyon à travers les pins (dessin), appartient à l'auteur.
***2573** Saint-Hippolyte (Auvergne) (dessin), appartient à l'auteur.
***2574** Verger en Provence (dessin aux crayons de couleurs), appartient à l'auteur.
***2575** Rochefort-en-Yvelines (dessin), appart. à l'auteur.

LA ROCHEFOUCAULD (A.-Emmanuel de), né à Paris. — 19, rue d'Offémont, 17e.

2576 Dessin aquarellé (croquis).
2577 Dessin aquarellé (croquis).

LA ROCHEFOUCAULD (comtesse Antoine de), née à Paris. — 19,
rue d'Offémont, 17e.

*2578 Portrait du comte A. de la R... (buste plâtre).

LARUM (Borghild), né à Hvitsten (Norvège). — Villa Jeanne-d'Arc
à Orsay (S.-et-O.).

*2579 Ouvriers.
*2580 Forêt.
*2581 Paysage.
*2582 Paysage.

LASSUDRIE (Bérangère), née à Sèvres. — 36, quai d'Orléans, 4e.

2583 Panneau, fleurs.
2584 Panneau fleurs et fruits.
2585 Rond bouquet de fleurs.
2586 Panneau fruits.
2587 Panneau fruits.
2588 Panneau fruits.

LATTES (Abigaïl), née à Nice (Alpes-Maritimes). — 5, rue Corneille
(Hôtel Corneille), 6e.

2589 Œillets de Nice (huile).
2590 Fleurs de mai, panneau sur bois (huile).
2591 Nice, chemin sous les pins (huile).
2592 Saint-Cloud (gouache).
2593 Notre-Dame (aquarelle).
2594 Luxembourg (aquarelle).

LAURENS (Marthe), née à Paris. — 4 *bis*, impasse Girardon, 18e.

2595 Figure.
2596 Paysage.
2597 Paysage.
2598 Paysage.
2599 Nature morte.
2600 Etude.

LAUVIN (Edouard), né au Havre. — Ste-Opportune-la-Mare (Eure).

2601 Coupe-papier, cerises (cuivre d'art).
*2602 Cendrier, glands cuiv. d'art, app. à M. H. Fontaine
2603 Porte-montre, vigne (cuivre d'art).
*2604 Presse-papier, poire (cuivre d'art), appartient à
       M. A. Jourdain.
2605 Ouvre-lettres (cuivre d'art).
2606 Epingle à cheveux (cuivre d'art).

LAVAL (Fernand), né à Coignac (Dordogne). — 54, bd de Clichy, 18°.

2607 Notre-Dame de Paris.
2608 Montmartre, place du Tertre.
2609 Le boulevard, hiver.
2610 Les vieux moulins (Montmartre).
2611 Le théâtre Montmartre.
***2612** Portrait de l'artiste par lui-même.

LAVIROTTE (Alexandre), né à Lyon. — 21, rue Brunel, 17°.

2613 Paysage.
2614 Paysage.
2615 Paysage.
2616 Paysage.
2617 Paysage.
2618 Paysage.

LAZARE-LEVY, né à Odratzheim (Alsace). — 4, villa des Prévoyants, rue du Général-Brunet, 19°.

2619 Porte de Tunis, à Kairouan.
2620 Souk-el-Grana, à Tunis.
2621 Rue Halfaouine, à Tunis.
2622 Souk des coiffeurs à Kairouan.
2623 Entrée des Souks, à Kairouan.

LEBASQUE (Henri), né à Champigny (M.-et-L.), 15, avenue Perrichont, 16°.

***2624** L'éventail.
***2625** Paysage.

LEBASQUE-REYMOND (Marthe), née à Paris. — 7, rue Daru, 8°.

2626 Pommes.
2627 Anémones.
2628 Fleurs.
2629 Fleurs.
2630 Nature morte.
2631 Corbeille.

LEBRUN (Georges), né à Cherbourg. — 30, bd du Temple, 11°.

2362 Saules à Dompierre-sur-Besbre (Allier).
2633 Chaumière, Beuzeval-Houlgate (Calvados).
2634 Rue du Midi, St-Jean-de-Luz (Basses-Pyrénées).
2635 Falaise, Préfailles (Loire-Inférieure).
2636 Moulin, Pont-Aven (Finistère).
2637 Coin de port, Audierne (Finistère).

LE CORNEC (Marcel), né à Paris. — 39, rue Gabrielle, 18e.

2638 Béatitude.
2639 La grande nuit.
***2639** *bis* Le grand soir.

LECOURT (Raymond), né au Havre. — Fontaine-la-Mallet par Montivilliers (Seine-Inférieure).

2640 Taureau à l'étable.
2641 Cheval.
2642 Paysan.
2643 Labour.
2644 Bestiaux.

LEFORT (Jean-Louis), né à Bordeaux. — 21 *bis*, avenue de la Motte-Picquet, 7e.

2645 Metz, la Porte des Allemands.
2646 Thann (Haute-Alsace), la Thur.
2647 Colmar, la place Rapp.
2648 Molsheim (Basse-Alsace), la place de la Liberté.
2649 Thann (Haute-Alsace), la Grand-Rue et la Cathédrale.
2650 Guebwiller (Haute-Alsace), l'arbre de la Liberté.

LEGER (Fernand), né à Argentan (Orne). — 86, rue N.-D. des Champs, 6e.

2651 La ville.
2652 Les disques dans la ville.

LEGUILLON (Paul), né à Paris. — 90, boulevard Péreire, 17e.

2654 Le village au soleil (Dordogne).
2655 Le gros chêne vert (Dordogne).
2656 Le pin isolé (Dordogne).
2657 Nuages (Dordogne).
2658 L'orage passe (Dordogne).

LEGUILLOUX (Léon-Raphaël), né à Nantes. — 7, rue Belloni, 15e.

2659 Neige d'automne.
2660 Champs.
2661 Le bouquet d'arbres.

LEJEUNE (Henri-Pierre), né à St-Ouen. — 54, rue Lamartine, 9e.

2662 Rochers de Kerné, Quiberon.
2663 Manoir de Kerroch, Paimpol.
2664 Côte sauvage à Quiberon.
2665 Côte sauvage à Quiberon.
2666 Panneau décoratif.
2667 Rochers à Quiberon.

LE LOUP (Hervé), né à St-Firmin-des-Bois (Loiret). — 56, rue Notre-Dame-de-Lorette, 9e.

2668 Coucher de soleil, île Ste-Marguerite.
2669 Coucher de soleil, île Ste-Marguerite.
*2670 Coucher de soleil, île Ste-Marguerite (appartient à l'auteur).
2671 Coucher de soleil, île Ste-Marguerite.
2672 Coucher de soleil, île Ste-Marguerite.
*2673 Coucher de soleil, île Ste-Marguerite (appartient à l'auteur).

LEMAIRE (Charles), né à Clermont (Oise). — 124, rue Lecourbe, 15e.

2674 Abreuvoir de Dannes.
2675 Ruisseau de Dannes (Pas-de-Calais).
2676 Jusqu'au bout (Aéro).
2677 Bapaume.
2678 Alerte rue Lecourbe (XVe).
2679 Alerte dans les carrières, Creil (Oise).

LEMM (Ghy-), né à Fontenay-le-Château. — 85, rue Lafontaine, 16e.

2680 Paysage, la plaine.
2681 Coin de parc.
2682 Jardin.
2683 Plage.
2684 Fleurs.
2685 Paris.

L'ENFANT (Marcel), né à Paris. — 102, avenue du Général-Michel-Bizot, 12e.

2686 Pointe de Plestin-les-Grèves (Côtes-du-Nord).
2687 Rochers d'Avron (Forêt de Fontainebleau).
2688 Chêne aux Gorges d'Apremont (Forêt de Fontainebleau).
2689 Grève de l'Armorique, à Plestin (Côtes-du-Nord).
2690 Chemin creux, à St-Efflam (Côtes-du-Nord).
2691 Port de Toul-an-Héry et baie de Locquirec.

LENOIR (Mathilde), née à Paris. — 12, rue d'Auteuil, 16e.

2692 Port de Roscoff.
2693 Chemin creux, Roscoff.
2694 Chapelle Sainte-Barbe, Roscoff.
2695 Chaumière dans les roches.
2696 Paysage, Roscoff.
2697 Roscoff sous la pluie.

LE PETIT (Maurice), né à Boulogne-sur-Mer. — 161 bis, route de Versailles, à Billancourt.

2698 Etude d'arbres.
2699 Bords de Seine.
2700 Ferme du Boulonnais.
2701 Etude de paysage.
2702 Le coteau.
2703 Nature morte.

LEPETIT (A.-M.), né à Fallencourt (Seine-Inférieure). — 71, rue du Cardinal-Lemoine, 17e et Clos Pézouillette, La Frette (S. et-O.).

2704 Intérieur.
2705 La fonte des dernières neiges.
2706 La Seine (neige).
2707 Le vallon.
2708 Les inondations.
2709 La Seine (soir de printemps).

LEPOINT-DUCLOS (Jules), né à Châtillon-sur-Seine. — 150, rue de Charenton, 12e.

2710 Saint-Gervais (bois couleur).
2711 Paris (bois gravé) :
    I. Pont Marie.
    II. Notre-Dame.
    III. Effet de neige.
2712 Bois gravés :
    I. Usines.
    II. Les estampes.
    III. Batelier.
2713 Bois gravés :
    I. Soleil.
    II. Vieux arbres.
    III. La pluie.
    IV. Bois d'illustration.
2714 Peinture Rochopt.
2715 Peinture pochade.

LEPREUX (Albert), né à Meaux. — 39, rue Lamarck, 18°.

2716 Etude, port du Havre.
2717 Bateau-pilote, soir.
2718 Barques au soleil.
2719 Honfleur.
2720 Etude.
2721 Etude.

LERE (Léon), né à Paris. — 13, rue des Canus, à Maisons-Laffitte.

2722 La berge à Sartrouville.
*2723 Le petit port, appartient à l'auteur.
*2724 Le pont de Sartrouville, appartient à Mᵐᵉ G. Bauer.
2725 Forêt de St-Germain, la mare aux canes.
2726 Bords du petit bras, à Maisons-Laffitte.
2727 La vieille église, à Maisons-Laffitte.

LERICHE (Paul), né à Roanne (Loire). — 2, rue Ste-Hélène, Lyon.

2728 Nature morte.
2729 Nature morte.
2730 Paysage, à Noirétable (Loire).
2731 Bosquet d'arbres.
*2732 Paysage avec des tours (appartient à l'auteur).
2733 Paysage avec des tours.

LEROUILLE (Maurice-Ernest), né à Versailles. — 160, rue Oberkampf, 11°.

2734 Les peupliers.
*2735 Matinée de septembre, appart. à M. et Mᵐᵉ Marty.
*2736 Matinée de juin, appartient à l'auteur.
2737 Un après-midi de juin.
2738 Crépuscule de septembre.
*2739 Un après-midi d'hiver, appartient à M. Desjardin.

LESCAFFETTE (Charles), né à Réchésy (Haut-Rhin). — , rue de la Forêt (place Marquis), à Clamart (Seine).

2740 Petit port de Fouras, le matin, à marée basse.
2741 Les ruines de la Cour des Comptes.
2742 Le poulet rôti.
2743 Roses rouges et roses (effet d'eau).
2744 Les effets d'une petite timbale argentée.
2745 Intérieur.

LE SGOUEZEC (Maurice), né au Mans. — 35, rue Delambre, 14ᵉ.

2746 Femme nue assise.
2747 Visite à l'hôpital.

LE SON (Marcel), né à Paris. — 1, rue Bausset, 15ᵉ.

2748 Paysage.
2749 Paysage.
2750 Paysage.

LEVAVASSEUR (Henri-Maurice), né à Ussy (Calvados). —16, rue Frémentel, à Caen (Calvados).

2751 Pax.
2752 Normandie.
2753 Automne.
2754 Fête villageoise.
2755 Paysans bas-normands.
2756 Le vieux manoir.

LEVEILLE (André), né à Lille. —18, boulevard Magenta, 10ᵉ.

2757 Jour de fête en Bretagne.
2758 Procession.
2759 L'aveugle au jardin.
2760 Paysage.
2761 La parade.
2762 L'aveugle à l'accordéon.

LEVET (Jean), né à Courbevoie. — 116, boulev. du Montparnasse, 14ᵉ.

2763 L'esclave.
2764 Maternité.
2765 Tête d'homme (pied carré).
2766 Tête d'homme (pied carré).
2767 La colère.
2768 La pensée.

LEVRON (Maurice), né à Rocheservière (Vendée). — 142, avenue Jules-Coutant, à Ivry-Centre (Seine).

2769 Brume d'automne (eau forte en couleur).
2770 Eglise de Nieucapelle (dessin au crayon).
2771 Eglise de Reninghe (eau forte en noir).
2772 Eglise de Neuvilly (Meuse) (eau forte en noir).
2773 Ypres, les Halles (eau forte en noir).
2774 Ypres, le Beffroi (eau forte en noir).

LEWINO (Walter-A.), né à Londres. — Les Ormes, Condette (P.-de-C.)

2775 La vallée.
2776 Adoration des mages.
2777 Loth et les anges.
2778 Paysanne buvant.
2779 Homme assis sur une borne.
2780 Homme s'appuyant sur une houe.

LEWITSKA (Zonia), né à Tchenstochowa (Pologne). — 73, rue Caulaincourt, 18e.

2781 L'aube.
2782 Carton pour tapisserie.
2783 Paysage.
2784 Paysage.
2785 Paysage.
2786 Paysage.

LEMOINE (André), né à Paris. — 3, rue Paul-Dubois, 3e.

2787 Aurore boréale.
2788 Coucher de soleil (côte normande).
2789 Barque de pêche dans la brume.

LHOTE (André), né à Bordeaux. — 38 bis, rue Boulard, 14e.

2791 Escale.
2792 La mélancolie.
2793 Port de Bordeaux.
2794 Gypsy's bar.
2795 Fortifs.

LIAUSU (Camille-Paul), né à Biarritz. — 93, rue de Vaugirard, 6e.

2796 La source.
2797 L'Amour et Psyché.
2798 La corbeille.
2799 Jeune fille.
2800 Le verger.
2801 Les chevaux.

LIEDBECK (Per), né à Stockholm (Suède). — 33, bd Lefebvre, 15e.

2802 Dans le métro.
2803 Pont de la Concorde.
2804 Boulevard du Montparnasse.
2805 Pont-Neuf.
2806 Paysage.
2807 Paysage.

LIEROW-FRANCILLON (Mme Anny), née en Suisse. — 10, rue de
la Tombe-Issoire, 14e.

2808 Port, le matin.
2809 Nature morte.
2810 Première neige.
2811 Glacier à Saas-Fée.
2812 Port, temps gris.
2813 Bateaux de pêche.

LIMBOURG (Robert), né à Paris. — 2, boulevard de la Bastille, 12e.

2814 Baigneuses.
2815 Mademoiselle Clara.
*2816 Passerelle (appartient à M. Chéron.
*2817 Quiétude (appartient à M. Chéron).
2818 Rêverie.
2819 Bruit.

LIPCHITZ (Jacques), né à Drouvkieniki. — 54, boulevard du Montparnasse, 6e.

*2820 Figure (pierre), appartient à M. L. Rosenberg.
*2821 Figure (pierre), appartient à M. L. Rosenberg.
*2822 Figure (pierre), appartient à M. L. Rosenberg.

LOTIRON (Robert), né à Paris. — 2, rue de Constantinople, 8e.

2823 Tennis.
2824 Tennis.
2825 Le salon de l'aéronautique.

LOUTREUIL (Maurice), né à Montmirail (Sarthe). — 34, rue du
Texel, 14e.

2826 Paysage.
2827 Technique de paysage.
2828 Figure d'homme.
2829 Figure de jeune fille.
2830 Nu.
2831 Technique de nu.

LUCE (Maximilien), né à Paris. — 102, rue Boileau, 16e.

*2832 Un chantier sur les boulevards de Paris.
*2833 Au bord de la Cure (Yonne), appartient à M. C...
*2834 Paysage à Saint-Tropez.
*2835 Baigneurs (frise).
*2836 Permissionnaires (frise).
*2837 Une rue de Paris (frise).

LUNDIN (Axel), né à Vâssjö. — 36, avenue de Châtillon, 14e.

2838 Paysage.
2839 Paysage.

LUNDQUIST (John), né à Stockholm (Suède). — 12-14, rue du Moulin-de-Beurre, 14e.

2840 Jeune homme (plâtre).
2841 Ravissement (plâtre).
2842 Portrait de Mme L... (plâtre).
2843 Portrait d'enfant (plâtre).

LURÇAT (Jean). — Sens (Yonne).

2844 Le chasseur.
2845 Le pêcheur.
2846 Le nid.
2847 La baigneuse.
2848 Une tapisserie.
2849 Une tapisserie.

LUDREMANT (Marie-Louise), née à Paris. — 110, rue du Bac. 7e.

2850 Paysage basque.
2851 Le vitrail ancien.
2852 Le pivoines.
2853 Les peupliers de la Réole.
2854 Les pommes.
2855 Les oranges.

MADRASSI (Lucien-L.), né à Paris. — 49, bd du Montparnasse, 6e.

***2856** La belle Germaine (appartient à l'auteur).
2857 La came.
2858 Fin d'idylle.
2859 Vieille femme.
2860 Vieille femme.
3861 Vieille femme.

MAERTENS (Médard), né à Coolscamp (Belgique). — 16, chemin des Bruyères, à Sèvres (S.-et-O.).

2862 Sur la terrasse.
2863 Portrait d'homme.
2864 Portrait de femme.

MAGNUS (Mlle Germaine), née à Paris. — 140, fg Poissonnière, 9e.

2865 Nature morte.
2866 Nature morte.
2867 Nature morte.
2868 Nature morte.
2869 Nature morte.
2870 Nature morte.

MAHOUT (Marie), né à Gien (Loiret). — 24, rue de Norvins, 18e.

2871 Bois de sapin.
2872 La gargilesse.
2873 La passerelle.
2874 Soleil couchant.
2875 Bas de village.
2876 Pré de la baie.

MAILFAIRE (Louis), né à Paris. — 6, rue Pruvot, Vanves (Seine).

2877 Vue de la Seine et de Notre-Dame (soleil couchant).
2878 Le pont Alexandre III et le Trocadéro vus du pont de la Concorde.
2879 Le quai et l'abside de Notre-Dame (soleil couchant).
2880 La cité.
2881 Place du Châtelet.
2882 Vue de la Seine du pont de la Tournelle.

MAILLARD (Horace-Raymond), né à Boynes (Loiret). — 52, rue Damrémont, 18e.

2883 Etude (figure).
2884 Les papillons (nu et paysage).
2885 Ciel d'automne (paysage).

MAILLET (Jacques), né à St-Pierre-le-Moutier (Nièvre). — 11, rue des Landes, à Chatou (S.-et-O.).

2886 Une vitrine (animaux en bois sculpté) :
32 petits oiseaux.
6 gros oiseaux.
Un petit chien.
Un gros chien.
Un poisson.

MAINSSIEUX (Lucien), né à Voiron. — 57, rue Caulaincourt, 18e.

2887 Odalisque assise.
2888 Nu.
2889 La Seine à la Frette (matin).
2890 Jeune fille en bleu dans un site montagneux.
2891 Le remorqueur.

MALLET (Simon), né à Paris. — 2, rue Malus, 5e.

2892 Retour de plage.
2893 Femme aux pavots.
2894 Dessin d'ornement.

MALTERRE (André), né à Paris. — 18, rue du Mont-Cenis, 18e.

2895 Effet de neige (Montmartre).
2896 Rue du Chevalier-de-la-Barre.
2897 Quai Jemmapes.
2898 Fenêtre ouverte.
2899 Nature morte.
2900 Rue Azaïs (Montmartre).

MALTESTE (J.-Flavie), née à Lausanne (Suisse). — 34, avenue du Parc-Montsouris, 14e.

2901 Croquis et aquarelles.
2902 Aquarelle et croquis.
2903 Croquis de nu.
2904 Croquis de vieille femme.

MALTESTE (Louis), né à Chartres (E.-et-L.). — 34, avenue du Parc-Montsouris, 14e.

2905 Portrait de M. Octave Mirbeau (peinture).
2906 Portrait de Mlle Thomas (peinture).
***2907** Portrait de Mme A. D... (appartient à Mme D..)
2908 Jeune femme assise (peinture).
2909 La môme Nini (gouache).
2910 Croquis d'audience (dessins).

MALVY (Emile), né à Paris. — 9, place d'Italie, 13e.

2911 Marine (île de Bréhat).
2912 Marine (île de Bréhat).
2913 Marine (île de Bréhat).
2914 Marine (île de Bréhat).
2915 Paysage.

MAMBOUR (Auguste), né à Liège (Belgique). — 3, rue Véron, 18e.

2916 Les mages.
2917 Suzanne et les vieux.
2918 Les disciples.
2919 L'artiste (portrait).
2920 Georgette (portrait).

MANCEAU (docteur G.-Paul), né à Loches (I.-et-L.). — 12, rue de Bellechasse, 7e.

2921 Bords du Rhin.
2922 Le Rhin à Saint-Gour.
*2923 Le pianiste Francis P... (appartient à M. F. P...)
2924 Tête d'étude.
*2925 Portrait du Docteur E... (appartient à M. E...)
2926 Étude.

MANCIER (Émile), né à Paris. — 10, rue du Repos, 20e.

2927 La maison du garde.
2928 Chrysanthèmes et œillets.
2929 Le château de Fontainebleau.
2930 Nature morte (pastel).
2931 La Varenne à Ambloux (Orne).
2932 Le canal Saint-Maurice à Charenton.

MANSON (Per), né à Gothéborg. — 17, rue Boissonnale, 14e.

2933 Femme nue.
2934 Paysage.
2935 Paysage.
2936 Paysage.

MARCEAU (L.-M.), né à aPris. — 16, rue Linné, 5e.

2937 Portrait de petite fille (dessin).
2938 Portrait de Mlle X... (dessin).
2939 Femme nue (dessin).
2940 Paysage (peinture).
2941 Vase de fleurs (peinture).
2942 Marabout (peinture).

MARCEAU (Étienne), né à Nogent-sur-Seine (S.-et-M.). — 3, rue Vercingétorix, 14e.

2943 Bœufs.
2944 La tasse jaune.
2945 Marguerites jaunes.
2946 Fleurs et fruits.
2947 Pommes.

MARCEL-BÉRONNEAU (Pierre), né à Bordeaux. — 11, impasse Ronsin, 15e.

2948 L'emprise.
2949 Salomé.
2950 Sur les ruines.
2951 Le bassin à l'automne.
2952 Femme au serpent.
2953 Au soir.

MARCELIN (Jacques), né à Paris. — 6, rue des Wallons, 13e et Ker-Disheol, à Concarneau (Finistère).

2954 Port de Concarneau.
2955 Tempête baie du Toulinguet à Camaret.
2956 Calme à Concarneau.
2957 Rentrée de bateaux (Bretagne).
2958 Temps gris (Bretagne).
2959 Sur la falaise (Bretagne).

MARCEL-LENOIR, né à Montauban. — 115, r. N.-D.-des-Champs, 6e.

2960 Fresques directes.
2961 Fresques directes.
2962 Fresques directes.
2963 Fresques directes.
2964 Fresques directes.
2965 Fresques directes.

MARCHAND (Jean), né à Paris. — 73, rue Caulaincourt, 18e.

***2966** La résidence champêtre (appartient à M. H. A...)

MARCOUSSIS (Louis), né à Varsovie. — 61, rue Caulaincourt, 18e.

2969 Nature morte (peinture sur verre).
2970 Nature morte (peinture sur verre).
2971 Nature morte (peinture sur verre).
2972 Nature morte (peinture sur verre).
2973 Nature morte (peinture sur verre).
2974 Nature morte (peinture sur verre).

MARQUE (Maurice), né à Rueil. — 70, avenue du Maine, 14e.

2975 Portrait d'enfant.
***2976** Portrait d'enfant.
2977 Nature morte.
2978 Fleurs.
2979 Plein air.
2980 Intérieur.

MARQUETTE (Rose), née à Bordeaux. — 79, rue de Dunkerque, 9e.

2981 Chrysanthèmes.
2982 Boules de neige.
2983 Chrysanthèmes jaunes.
2984 Les physalis.
2985 Pivoines.
2986 Œillets blancs.

MARTIN (Maurice-Félix), né à Chablis (Yonne). — 12, avenue de Lutèce, La Garenne-Colombes.

2987 Bords de la Moselle (aquarelle).
2988 Le pont de Dizy (Marne), aquarelle.
2989 Auxerre (Yonne), aquarelle.
2990 Plaine (camp de Mailly), aquarelle.
2991 Le pont de Blémerey, front de Lorraine (Meurthe-et-Moselle), aquarelle.
2992 Blémerey, front de Lorraine (M.-et-M.), aquarelle.

MARTIN (A.-Marius), né à Arles (B.-du-R.). — 1, rue du Collège, à Aubusson (Creuse).

2993 Madeleine Contes et tante Amie (bois au canif).
***2994** Deux bois (pour la gerbe), appartient à l'auteur.
***2995** Quatre bois (pour la gerbe), appartient à l'auteur.
2996 Chevaux de guerre, front anglais (bois).
2997 Cheval de guerre, front anglais (bois).
2998 Cheval de guerre, front anglais (bois).

MARSA, né à Paris. — 21, quai Bourbon, 4e.

2999 Bengalis.
***3000** Chats.
3001 Coin de volière.
***3002** Portrait.
3003 Etude.
3004 Etude.

MARTIN (René-Claude), né à Paris. — 18, impasse du Maine, 15°.

3005 La déesse Konan-in.
3006 Salers.
3007 Paysage d'Auvergne.
3008 Eglise de Saint-Cernin.
3009 Paysage.
3010 Nature morte.

MARTIN (Félix), né au Creusot. — 80, boulevard de Port-Royal, 5°.

3011 I. Roches et sources morvandelles.
3012 II. Roches et sources morvandelles.
3013 L'étang Longpendu (Montchanin).
3014 Le mont Beuvray.
3015 L'étang de la Forge (Le Creusot).
3016 Le vieil étang de Chalas (Montcam).

MULLAN (Mary-S.-Mac), né à Belfast (Irlande). — 25, rue Bréa, 6°.

3017 Décoration.
3018 Nature morte.
3019 Nature morte.
3020 Nature morte.
3021 Nature morte.
3022 Nature morte.

MASSIN (Louis-Eugène-Pierre), né à Paris. — 95, r. de Vaugirard, 6°.

3023 La procession.
3024 Le départ des sardiniers.
3025 Impasse Barbette (Paris pendant la guerre).
3026 Audierne. La vieille église.
3027 Puits (environs de Concarneau).

MASSOT (Miquel), né à Barcelone (Espagne). — 8, impas. Ronsin, 15°.

3028 Paysage d'Espagne.
3029 Paysage d'Espagne.
3030 Paysage d'Espagne.
3031 Paysage d'Espagne.
3032 Paysage d'Espagne.
3033 Paysage d'Espagne.

MASURE (Georges-Paul), né à Paris. — 195, rue de Vaugirard, 15°
et à Pocé (Indre-et-Loire).

- **3034** Fruits de Touraine.
- **3035** La leçon de piano.
- **3036** Fleurs de printemps.
- **3037** Pivoines.
- **3038** Cerises.
- **3039** Raisins et melon.

MATHURIN (Maurice), né à Tours. — 2, avenue de Grammont, Tours.

- **3040** Anthémis.
- **3041** Coin de table.
- **3042** Lilas.
- **3043** Oranges et citron.
- **3044** Printemps en Touraine.
- **3045** Anémones.

MATRAS (Henri-César), né à Montbéliard (Doubs). — 66, avenue
de Châtillon, 14°.

- **3046** Bretonne (retour du marché).
- **3047** Carmen.
- **3048** Coin de Bretagne (vieilles maisons).
- **3049** Bourbonnaise.
- **3050** Etude (vieille Bretonne).
- ***3051** Portrait de M. X... (appartient à l'auteur).

MAUROUARD (Mlle Christine), née à Athènes. — 39, av. Mozart, 16°.

- **3052** Glaïeuls.
- **3053** Chinoiserie.
- **3054** Tulipes.
- **3055** Maisons de pêcheurs.
- **3056** Eglise de la Clarté (Bretagne).

MAZARD (Alphonse-Henri), né à Paris. — 48, rue de Vanves, 14°.

- **3057** La neige.
- **3058** Bords d'étang.
- **3059** Coin de jardin.
- **3060** Lever de lune.
- **3061** Etang de Sans-Gêne.
- **3062** L'Essonne à Itteville (S.-et-O.).

MAZZEI (Alberto-Corrado), né à Carrare (Italie). — 7, r. Belloni, 15e.

***3063** Portrait de Mlle M. B... (dessin sanguine), appartient à M. X...
3064 Jeune fille (sanguine).
3065 Tête d'enfant (sanguine).
3066 Le vieux Hyères (aquarelle).
3067 Les pins (aquarelle).
3068 L'allée des pins (aquarelle).

MENNERET (Charles), né à Paris. — 17, avenue Trudaine, 9e.

3069 Nénuphars.
3070 Etang.
3071 Saule pleureur.
3072 Paysage au bois.
3073 Hutte de sabotier.
3074 Etang et saule pleureur.

MEROKEL (Emile), né à Paris. — 3, boulevard de Belleville, 11e.

3075 Le flirt.

MERLAND (Camil), né à Verteillac (Dordogne). — Verteillac.

3076 Rentrée des foins (le soir).
3077 La partie de cartes (poilus 1915).
3078 Paysan fendant du bois.
3079 Paysan criblant du maïs.
3080 Paysanne apportant la pâtée aux animaux.
3081 Paysanne faisant la lessive.

MERLE (Pierre), né à Paris. — 132, boulevard St-Germain, 6e.

3082 Saint-Cirq-la-Popie (Lot).
3083 La Poupe (rives du Lot).
3084 Rocher des Moulineries (rives du Lot).
3085 Le Lot près de Cahors.
***3086** Portrait de jeune fille (appartient à Mlle X...)
***3087** Portrait (appartient à Mme X...)

MESSEN (Louis-Léon), né à Dunkerque. — 58, r. Olivier-de-Serres, 15e

***3088** Quand le bateau revient (appartient à l'auteur).
***3089** Type de vieux pêcheur (appartient à l'auteur).
***3090** Portrait de jeune fille (appartient à M. X...)

MESTRALLET (Paul-Louis), né à Paris — 52, rue Lhomond, 5e.

3091 Paysage.
3092 Paysage.
3093 Paysage.
3094 Paysage.
3095 Paysage.
3096 Paysage.

METZINGER (Jean), né à Nantes. — 121, avenue Félix-Faure, 15e.

***3097** Peinture (appartient à M. Léonce Rosenberg),
« Effort Moderne ».
***3098** Peinture.
***3099** Peinture.
***3100** Peinture.
***3101** Peinture.
***3102** Peinture.

MEURISSE (René-Henry), né à Bourges (Cher). — 10, avenue de la
République, 11e.

***3103** La mort rôde, danse de Jeanne Ronsay (appar-
tient à M. J. R...)
3104 Grande pitié sur le monde.
3105 Jeux de flammes.

MIAULET (William), né à Nîmes (Gard). — 10, rue de Bucci, 6e.

3106 Cérianthe.
3107 Vérétille et madrépore.
3108 Spirographe.
3109 Jardin sous-marin (pastel).
3110 Cascade.
3111 Rocher.

MIGNON (Lucien), né à Angers, (M.-et-L.). — 1, rue Surcouf, 7e.

3112 Etude de nu.
3113 Jeune fille de Douarnenez.
3114 Le grand lavoir (Douarnenez).
3115 Coucher de soleil (paysage de Bretagne).
***3116** Bouquet de roses (appartient à M. Bourgeat).
***3117** Nature morte (appartient à MM. Nunès et Figuet).

MIKLOS (Gustave-R.), né à Budapest (Hongrie). — 158, rue Saint-Jacques, 5e.

3118 Jeune fille en vert sur un cochon rose (manège).
3119 Colin-Maillard.
3120 Jeune femme au fond jaune.
3121 La femme en bleu.

MILLARD (Ernest-J.-M.), né à Paris. — 9, boulevard Arago, 13e.

3122 Noyon, 1918 (peinture).
3123 Place de la Concorde, novembre 1918 (peinture).
3124 Dans les ruines de Noyon, 1918 (aquarelle).
3125 Trophée, 1918 (aquarelle).
3126 Trophée, 1914 (aquarelle).
3127 Premiers jours de mobilisation, 1914 (aquarelle).

MILLE (voir : QUENTIN-MILLE).

MILOUNOVITCH (Milo), né à Cettigne (Monténégro). — 14, cité Falguière, 15e.

3128 Boulevard extérieur.
3129 Fantaisie.
3130 A la source.
3131 Paysage.

MIRKA (José), né à Paris. — Poussignol-Blismes (Nièvre).

*3132 Portrait de Mme Maurice D... (appartient à Mme M. D...).
3133 Un petit potin en Bourbonnais.
3134 L'emplette.
3135 Tombée du jour sur le Nil.
3136 Crépuscule égyptien.
3137 Une vitrine de dix-huit marrons sculptés.

MISRAHI (Joseph), né à Méhalla el Kébira (Egypte). — 19, quai Saint-Michel, 5e.

3138 Quai Saint-Michel.
3139 Quai St-Michel par la pluie.
3140 Matin à Herblay.
*3141 La marine à Herblay (appartient Mme Moutier).
3142 Femme aux volets clos.
3143 Femme au paravent bleu.

MOHRIEN (Achille), né à Paris. — 1 bis, rue Saint-Gilles, 3ᵉ.

3150 Effet d'automne (Seine-et-Oise), aquarelle.
3151 Pommiers à La Frette (S.-et-O.), aquarelle.
3152 Le Parc Monceau, automne (gouache).
3153 Les soleils (gouache).
3154 Saint-Cloud, printemps (aquarelle).
3155 Pommier en fleurs, temps gris (gouache).

MONDIN (Yvonne), née à Condom (Gers). — 40, rue Denfert-Rochereau, 5ᵉ.

3156 Nature morte.
3157 Nature morte, un moulin à café.
3158 Le pot vert.
3159 Pot bleu avec tulipes (aquarelle).
3160 Une rue à Tarbes (Htes-Pyrénées).
3161 Nu (dessin).

MONDSZAIN (Szaman), né à Lublin (Pologne). — 7, r. Belloni, 15ᵉ.

3162 Paradoxe.
3163 Les toits rouges.
3164 Paysage.

MONNOT (Maurice), né à Paris. — 12, avenue Rabuteau, à Gournay-sur-Marne (S.-et-O.).

3165 Cuivres et volaille.
3166 La cuisine.
3167 Le salon.
3168 Cuivre rouge.
3169 Cuivre jaune.
3170 Le marmiton.

MONTAL (Louis-Alexandre), né à Cahors. — 128 ter, bd de Clichy, 18ᵉ

3171 L'Institut.
3172 La Dordogne à travers les arbres.
3173 Moulin en Quercy.
3174 Les chiffonniers.
3175 Le concert symphonique.
3176 La tentation de Saint-Antoine.

MOPPES (Simone Van), née à Paris. — 29, rue de Châteaudun, 9ᵉ.

3177 Harmonique.
3178 Sonate.
3179 Le baiser.
3180 Voici des fruits.
3181 Le portefaix.
3182 La danse dans la rue.

MOREAU (Gaston-Auguste), né à Paris. — 3, rue de la Garenne, à Montgeron (S.-et-O.).

3183 Soleil levant dans la brume (bord de l'Yerres).
3184 Effet du matin à Pors-Mabo (C.-du-N.).
3185 Soleil couchant à Montgeron.
3186 Route de Pont-en-Royan aux Goulets.
3187 Brume d'automne (bords de l'Yerres).
3188 Effet du matin (bords de l'Yerres).

MOREAU-LEFEBVRE (Mᵐᵉ Gabrielle), née à Paris. — 23, rue Greneta, 2ᵉ.

3189 Mimosas.
3190 Le Pont-Neuf (soirée de septembre 1914).
3191 Azalées.
3192 Roses (pastel).
3193 Le Loiret à Olivet.
3194 Jardin au bord du Loiret à Olivet.

MOREAU (Luc-Albert), né à Paris. — 15, rue du Cherche-Midi, 6ᵉ.

3195 Soldats dans la tranchée.

MOREAU (Louis), né à Châteauroux (Indre). — 60, avenue de Déols, à Châteauroux.

3196 Les chanteurs (gravure sur bois).
3197 Gravures sur bois (extraits de l'album « Mars »).
3198 Cuzion, rochers des Chérons (peinture).
3199 Cuzion. Effet de neige (peinture).
3200 La Creuse à Cuzion (peinture).
3201 Gargilesse. Le Pont Noir.

MORETTI (Vera), né à Nogent-sur-Marne. — 17, rue d'Arcueil, à Châtillon-sous-Bagneux (Seine).

3202 La fourmi.
3203 A la toilette.
3204 Le saule pleureur.
3205 Le pont Scaligero, Vérone.
3206 La cigale.
3207 Monotypes (gravures).

MORETTI (Luigi), né à Venise. — 17, rue d'Arcueil, à Châtillon-sous-Bagneux (Seine).

3208 Vieux palais, Venise.
3209 La brodeuse.
3210 Dans l'intimité.
3211 Couturières.
3212 Fraghetto, Venise.
3213 Près du feu.

MORGAN-RUSSELL, né à New-York. — 20, r. Desnouettes, 15e.

3214 Douceur, Orion et la Voie lactée.
3215 Achille et Briséis.
3216 Paysage (environs de Cannes).
3217 Paysage (Orly, Seine).
3218 Le Génie de l'Occident et son activité favorite.
3219 Nu.

MORILLON (Étienne), né à Soucieu-en-Jarrez (Rhône). — 11, rue Martin, à Lyon.

3220 L'homme aux dominos (appartient à M. Vautheret).
3221 Fruits.
3222 Écolier.
3223 Le pot vert.

MORIN (Fernand), né à St-Aubin-de-Baubigné. — 25, r. Turgot, 9e.

3224 Chapelle bretonne le soir.
3225 Chaumières à Bréhat.
3226 Le jour des Morts en Bretagne.
3227 Vieux marin.
3228 Paysage breton.
3229 Paysage breton.

MORIN-JEAN, né à Paris. — 33 *bis*, boulevard de Clichy, 9⁰.

3230 Eve dansant.
3231 Nature morte.
3232 Le lac noir.
3233 Le nouveau canal.
3234 Un cadre contenant :
    A. Nu.
    B. Bois d'illustration.
    C. Orphée.
3235 Le ruisseau noir.

MORLEY (Jacques). — 18, rue Fourcroy, 17⁰.

3236 Soleil d'hiver.
3237 Matin.
3238 Le vallon.
3239 Le gué.
3240 Fagots dans une coupe.
3241 Soir.

MOROT (Jacques), né à Sèvres. — 16, rue de la Procession, 15⁰.

3242 La torche.
3243 Le Cordon du Haut à Sèvres.
3244 Crépuscule en Normandie.
3245 Le port à Caen.
3246 Environs d'Alger.

MORRISON (Kenneth-Maciver), né à Cleygate (Angleterre). — 5, square du Champ-de-Mars, 15⁰.

3247 L'église de Saint-Gervais.
3248 Fleurs.
3249 Paysage à Saint-Jorioz.
3250 Portrait de Mlle B...
3251 Iles de la Seine.
3252 Parc à Saint-Jean.

MORTIMER-GRONOW, né à Paris. — 39, rue Washington, 8⁰.

3253 La gitane.
3254 La coquette.
3255 Le moulin Loup (Indre), paysage.
3256 Bords de l'Indre (paysage).
3257 Le Ménoux (Indre), paysage.

MORVAN (Georges), né à La Rochelle. — 31, rue Raspail, à Vanves.

3258 Figure d'enfant.
3259 La fenêtre (nature morte).
3260 Fillette aux roses.
3261 Paysage.
3262 Coin de table (nature morte).
3263 Coin de cimetière.

MOUILLOT (Marcel), né à Paris. — 38 *bis*, rue Boulard, 14e.

3264 Nature morte.
3265 Paysage 1914.
3266 Nature morte.
3267 Nature morte.
3268 Etude.
3269 Nature morte.

MULLER (Charles), né à Flavigny-sur-Moselle. — 38, avenue de l'Observatoire, 14e.

3270 Buste de M. S...
3271 Buste de femme.
3272 Ouvrier se ceinturant.
3273 Paire de statuettes bronze.

MUSSA (P.), né à Paris. — 51, rue Molitor, 16e.

3274 Les goëmons rouges (Kerity, Bretagne).
3275 Jour du marché (Concarneau, Finistère).
3276 Barques sardinières au clair de lune (Concarneau).
3277 Lever de lune sur le sable (Concarneau).
3278 Soleil couchant (Concarneau).
3279 Derniers rayons (Concarneau).

MYRTHA-DARY, né à Paris. — 37, rue N.-D.-de-Lorette, 9e.

3280 Une vitrine contenant un groupe de figurines : Paniers et volants, modes anciennes et modernes.

NAM (Jacques), né à Paris. — 3, rue Nicolo, 16e.

3284 Tigresse.
3285 Tigresse.
3286 Lion.
3287 Tigre à crinière.
3288 Aigle.
3289 Aigle.

NÉMOZ (Daniel), né à Thodure (Isère). — 139, bd Saint-Michel, 5e.

3290 Cannes, vue de l'Estérel.
3291 Bords du Rhône à Andancette (Drôme).
3292 Parc à Annonay (Ardèche).
3293 Baie de la Somme au Crotoy.

NÉRÉE-GAUTIER (Jane), née à Bordeaux. — 12, rue Louis-David, 16e

3294 Fleurs et fruits.
3295 Lilas et bijoux.
3296 Œillets.
3297 Pivoines.

NIELSEN (Henri), né à Gentofte (Danemark). — 2, rue de la Bonne-
Aventure, à Versailles.

3298 Pour l'avenir de la Patrie.
3299 Près du pont de la Concorde, le soir.
3300 Sur la berge de la Seine.
3301 Le Vendôme doré.
3302 Maison des familles nombreuses.
3303 Dans la Saône-et-Loire.

NIER (Jean), né à Paris. — 51, rue d'Assas, 6e.

3304 Paysage de Provence.
3305 La Seine (effet de neige).
3306 Un pont.
3307 Intérieur de serre.

NIVOULIÈS, né à Toulon. — 119, boulevard Saint-Michel, 5e.

3308 La rue blanche, Tunis.
3309 Tondouck, Tunis.
3310 Juive à Constantine.
3311 Café maure, Biskra.
3312 Près de la Séguia.
3313 Un coin du quartier arabe, Tunis.

NOÉ (Mlle Elyane), née à Marseille. — 53, r. Mathurin-Régnier, 15e.

***3314** La calanque endormie (appartient à l'auteur).
***3315** Milagradine à la soleillade (appartient à l'auteur).
3316 Côte du Rouveau (Provence).
3317 Aux Tuileries.
3318 Pointe de Sainte-Croix (Provence).
3319 Nature morte.

NORMAND (Constant), né à Paris. — Boisguillaume (Seine-Inf.).

***3320** Mons (Belgique), aquarelle et plume (appartient à M. M...)
3321 Paysage à Porte-Joie (Eure), aquarelle.
3322 Petit bras de Seine à St-Pierre-du-Vouvray (aquarelle).
3323 Fontaine-sous-Préaux (Seine-Inférieure), aquar.
3324 Paysage (aquarelle).
3325 Paysage (aquarelle).

NOURRIGAT (Emile), né à Maraussan (Hérault). — 15, r. Payenne, 3e.

3326 Flore.
3327 Daphné.
3328 Antiope.
3329 Renaud et Armide.
3330 Pan.
3331 Eglogue.

NURDIN (Paul), né à Neuilly-sur-Seine. — 3, rue Vercingétorix, 14e.

3332 La pomme rouge.
3333 Le mur jaune.
3334 La soucoupe blanche.
3335 L'assiette de poires.
3336 Les citrons.
***3337** Nature morte (étude), appartient à M. P. Banyeta.

NUTTING (Myron-C.), né aux Etats-Unis. — 9, rue Falguière, 15e.

3338 La danse.
3339 Sainte-Cochalov.
3340 Le lac.

NUTTING (Elena), née en Californie (U.S.A.). — 9, rue Falguière, 15e.

3341 Le reposoir.
3342 Vieux Paris.
3343 Groupe de taille, linoléum.

O'CONNOR (Zathleen-Letitia), née en Nouvelle-Zélande. — 16, rue de la Grande-Chaumière, 6e.

3344 Nature morte.
3345 Portrait.
3346 Plage de Biarritz.
3347 Paysage.
3348 Portrait.
3349 Portrait.

OLIVI (François), né à Ile-Rousse (Corse). — 30, rue Chevert, 7ᵉ.

3350 Rhododendrons.
3351 Rhododendrons.
3352 Pointe Rouge, Marseille.
3353 Pont-Neuf.
3354 Nature morte.
3355 L'automne.

OLIVIER (Ferdinand), né à Martigues (B.-du-R.). — 6, square Delambre, 14ᵉ.

3356 La barque jaune.
3357 L'étang.
3358 Les cyprès.
3359 Le figuier.
3360 L'église.
3361 Le pin.

ORGAZ (Pascal), né à Bayonne (B.-Pyrénées). — 123, bd Ney, 18ᵉ.

3362 La Madeleine.
3363 Une rue au Breil-sur-Merize (Sarthe).
3364 Une rue au Breil-sur-Merize (Sarthe).
3365 Vieux moulin à Plougrescant (Ctes-du-Nord).
3366 Paysage à Plougrescant (Ctes-du-Nord).
3367 Bouquet de lilas.

ORLOFF (Chana). — 68, rue d'Assas, 6ᵉ.

3368 La femme enceinte (bois).
3369 Maternité (bois).
***3370** Portrait de Mᵐᵉ F... (bois), appartient à Mᵐᵉ F...
3371 Portrait d'homme (plâtre).
***3372** Danseuses (bois), appartient à Mᵐᵉ G...
3373 Amazone (bois).

OTERO (C.), né au Vénézuéla. — 68, rue de Gergovie, 14ᵉ.

3374 Le départ.
***3375** Portrait (appartient à M. Rosenthal).
3376 Le quai de la Tournelle.
3377 Bois de Clamart.
3378 Jardin du Luxembourg.

OTT (Lucien), né à Paris. — 23, rue de Crosnes, à Villeneuve-Saint-
Georges (S.-et-O.).

3379 Les quais à Villeneuve-St-Georges (peinture).
3380 Arc-en-ciel à Essonnes (peinture).
3381 L'Yonne à Sens (aquarelle).
3382 Aux Sablières de Villeneuve-le-Roi (tempéra).
3383 La neige, coucher de soleil (peinture).
3384 Le pont d'Yerres et le côteau (Villeneuve-Saint-
Georges (peinture).

OYRÉ (Mlle Marie-Juliette d'), né à Châtellerault. — 41, rue du
Montparnasse, 6e.

3385 Glaïeuls.
***3386** Lys (appartient à M. X...)
3387 Ignas.
3388 Roses.
3389 Coquelicots.
3390 Le coq et le vase persan.

OPPI (Ubaldo), né à Bologne (Italie). — 13, place Émile-Goudeau, 18e.

3391 La pauvreté sereine.
3392 Portrait de mon ordonnance.
3393 La fabrique au dimanche.
3394 Paysage d'Italie.
3395 Paysage d'Italie.
3396 Roses au matin.

OTTMANN (Henry), né à Ancenis. — 37, rue St-André-des-Arts, 6e.

3397 Musique de chambre.
3398 Nature morte.
3399 Nature morte.

PARENT (Léon), né à Armentières (Nord). — 9, r. des Apennins, 17e.

3400 Paysage (Pyrénées).
3401 Paysage (Pyrénées).
3402 Paysage (lac).
3403 Fleurs.
3404 Fleurs.
3405 Paris.

PASCAL (André), né à Sanssac-l'Eglise (Hte-Loire). — Presbytère de Grosrouvre (S.-et-O.).

3406 Chapelle Ste-Barbe (Le Faouet, Morbihan).
3407 Chapelle Ste-Barbe (Le Faouet, Morbihan).
3408 Chapelle St-Fiacre (Le Faouet, Morbihan).
3409 Le métier du tisserand (Le Faouet, Morbihan).
3410 Les halles au Faouet (Morbihan).
3411 Intérieur de moulin (Le Faouet, Morbihan).

PAULEMILE-PISSARRO, né à Eragny-Bazincourt (Oise). — 14, rue Damirémont, 18e.

3412 Péniche, le soir à Méricourt.
3413 La Seine, le soir à Rolleboise.
3414 Monotype.
3415 Forêt de Moisson, le soir.
3416 Portrait.
3417 Liseuse.

PAULINI, né à Mortagne-sur-Gironde (Charente-Inférieure). — 7, rue Croix-de-Seguey, à Bordeaux (Gironde).

3418 Après l'averse (aquarelle).
3419 La Garenne à Barsac (aquarelle).
3420 Le Moulleau à travers les pins (aquarelle).
3421 Soir d'automne (aquarelle).
3422 Sur la route de St-André-de-Cubzac (aquarelle).
3423 La Jalle à Blanquefort (aquarelle).

PAULTRE (Georges), né à Châteaudun. — 68, rue Lhomond, 5e.

***3424** Tapisserie : La pêche (appartient à M. C..)

PAUTOT (Emilie), née à Paris. — 8, villa Boissière, 16e.

3425 Portrait d'enfant.
3426 Œillets.
3427 Chrysanthèmes.
3428 Portrait de femme.
3429 Chrysanthèmes blancs.
3430 Nature morte.

PAVIE (Jean), né à Mamers (Sarthe). — 68, bd Edgar-Quinet, 14e.

3431 La douleur et l'espérance (sculpture plâtre).
3432 L'aqueduc de Montsouris (peinture).
3433 Clair de lune (Bretagne), peinture.
3434 Soleil le matin (peinture).
3435 Portrait d'un sculpteur (peinture).
3436 Cobaye, granit (taille directe) sculpture.

PAVIOT (Louis-Claude), né à Lyon. — 63, rue Caulaincourt, 18ᵉ.

3437 Paysage provençal (figuiers).
3438 Tournant de rivière, l'Ain.
3439 L'été.
3440 Roses rouges.
3441 Intérieur.

PÉCHAUBÈS (Eugène-Jean), né à Pantin (Seine). — Cinqueux (Oise).

3442 La diligence.
3443 La halte à l'auberge.
3444 L'attelage.

PEDRO (de Pedrals), né à Toulouse. — 38, avenue de Ceinture, à Enghien-les-Bains.

3445 Pivoines.
3446 Le chat sur des capucines.
3447 Cacatoès au géranium rouge.
3448 Perroquet au dahlia.
3449 Canal de l'Elbe.
***3450** Portrait de Jean Oberlé.

PELLEGRINI (Clovis), né à Marseille. — 108, bd de Clichy, 18ᵉ.

3451 Le Loing à Moret.
***3452** La porte de Bourgogne à Moret.
3453 Nature morte (fleurs et fruits).
3454 Le pont de Moret.

PELLERIER (Maurice), né à Paris. — 15, rue Alphonse-Daudet, 14ᵉ.

3455 Au Luxembourg : Dans le brouillard.
3456 Au Luxembourg : Neige d'automne.
3457 Au Luxembourg : En octobre.
3458 Au Luxembourg : Diane.
3459 La fontaine à Pierrefort (Cantal).
3460 Versailles, un angle du château.

PELOSI (Pascal), né à Paris. — 14, boulevard Edgar-Quinet, 14ᵉ.

3461 Que le diable l'emporte !
3462 Le vieux Dieu.
3463 Kamarade.
3464 Crème de Menthe.
3465 Retour des tranchées.
3466 Victoire russe 1915-1916.

PENNROZE (Loïs), né à Paris. — 8, rue de Courcelles, 17e.

3467 Etude marine.
3468 Le prince charmant.
3469 Renouveau.
3470 Episode de la retraite serbe (enlisés).

PENOT (Eugène-Edouard), né à Pithiviers (Loiret). — 223, rue de l'Université, 7e.

3471 Le grande tombe de Villeroy.
3472 L'abreuvoir de Précy-sur-Marne.
3473 Meules sous la neige.
3474 Tombe isolée près de Villeroy.
3475 Coin de jardin.
3476 Le berceau.

PEQUIN (Charles), né à Nantes. — 65, boulevard Arago, 14e.

3477 Portrait.
3478 Peinture.
3479 Peinture.
3480 Peinture.
3481 Sculpture.

PÉRAIRÉ (Maurice), né à Aix-en-Provence. — 197, boulevard Saint-Germain, 6e.

3482 Hortensia.
3483 Un coin de serre.
3484 Coupe de fruits.
3485 Quelques pêches.
3486 A Tessé-la-Madeleine : le pressoir.
3487 A Chatel-Guyon : du haut de mon balcon.

PERCEVAULT (Louis), né à Paris. — 12, avenue de Châtillon, 14e.

***3488** Portrait de Mme G. J... (appartient à Mme G. J...)
***3489** Etude (appartient à l'auteur).
3490 Sous le Pont-Neuf.
3491 Notre-Dame.
3492 Hôtel de Sens, façade.
3493 Hôtel de Sens, cour intérieure.

PERDRIAT (Hélène), née à La Rochelle. — 8, impasse Ronsin, 15°.

3494 Jeux rustiques.
3495 Le jeune planteur.
***3496** Ina au jardin (portrait, appartient à Mme Talen).
3497 La petite danseuse.
3498 La dame au bouquet.
3499 L'orpheline.

PÉRINET (Louis-André), né à Poissy (S.-et-O.). — 33, rue des Écoles, à Villeneuve-Saint-Georges.

3500 L'arc-en-ciel.
3501 Brume sur la Meuse.
3502 Moulin de mer (Guilvinec).
3503 Chemin breton (Lesconil).
3504 Lever de lune.
3505 Barques de pêche (Lesconil).

PERRON (Alphonse), né à Nantes. — 3, rue de Navarre, 5°.

***3506** Portrait de M. Paul Magnier, appartient à l'auteur.
***3507** Portrait de M. André Magnier, appart. à l'auteur.
***3508** Étude, appartient à l'auteur.
***3509** Portrait de Mlle Oms, appartient à l'auteur.
***3510** Portrait de Miss Louise Raymond, app. à l'auteur.
***3511** Étude, appartient à l'auteur.

PERROUDON (Lucien), né à La Ferté-Gaucher. — St-Claude (Jura).

3512 Tête de jeune fille.
3513 Ouvrière pipière de Saint-Claude.

PETITJEAN (Hippolyte), né à Mâcon. — 5, villa du Parc-Montsouris (26, rue Nansouty).

3514 Pastorale.
3515 Après le bain.
3516 Le bain.
3517 Femme nue.
3518 Femme nue.
3519 Paysage.

PETITJEAN-FURET (Arm.), né à Paris. — 26, rue Lécluse, 17e.

***3520** Suite bretonne (3 dessins à la plume réunis en un
seul panneau) :
I. Bord du Blavet, un coin de la rivière, reflet des
arbres dans l'eau.
II. Au milieu de la rivière, l'été vers midi.
III. L'Abbaye de la Joie sous les branches dénu-
dées de feuilles d'un paysage d'hiver.
(Appartient à l'auteur.)
3521 Etude décorative de tête (gouache).
3522 Etude de nu (gouache).
3523 Etude de soldat blessé maudissant la guerre
(gouache).

Partout, autour de lui, la mitraille a fauché.
Le brave, tout sanglant, qu'assourdit le tonnerre,
Fuyant le champ fatal, de cadavres jonché,
Horreur aux yeux, poing menaçant, maudit la guerre.

PÉRON (Emile Chaperon dit), né à Paris. — 94, boulevard Latour-
Maubourg. 7e.

3524 Intérieur.
3525 La Charente à Angoulême.
3526 La maison rose.
3527 Lhoumeau (Charente).
3528 La Seine à Paris.
3529 Bord de rivière.

PERRET (Jean), né à Lyon. — 235, rue du Faubourg-St-Honoré, 8e.

3530 Nu.
3531 Seine en hiver.
***3532** Portrait, appartient à Mme M. L...
3533 Seine à Meulan, été.
3534 Nu.
***3535** Portrait, appartient à M. Renoux.

PESKÉ (Jean). — 39, boulevard Saint-Jacques, 14e.

3536 Les collines brûlées à Saint-Clair (Var).
3537 La plage de Cavallière (Var).
3538 L'église de Bormes (Var).

PETROVITCH (Miodrag), né à Belgrade (Serbie). — 11, rue de
Vaugirard, 5e.

    3539 Portrait de Mme P...
    3540 Apôtre.
    3541 Nymphe.
    3542 Anthropophage.
    3543 Portrait.

PIA (René), né à Marguy-les-Compiègne (Oise). — 1, rue Paul-
Saint-Jérôme, à Marseille.

    3544 Le quartier des blanchisseuses.
    3545 Cassis.
    3546 Nature morte.
    3547 La montagne.
    3548 Allégorie.
    ***3549** Rocquepailhol, appartient à M. J...

PICABIA (Francis), né à Paris. — 32, avenue Charles-Floquet, 7e.

    3550 Cette chose est claire comme le jour.
    3551 Très rare tableau sur la terre.
    3552 Machine sans nom.
    3553 Petite solitude au milieu des soleils.
    3554 Cannibalisme.
    3555 Objet qui ne fait pas l'éloge du temps passé, ré-
            vérences.

PICHOT (Ramon), né à Barcelone. — 5, rue des Saules, 18e.

    3556 Fête en Espagne.
    3557 Paysage.
    3558 Paysage.
    3559 Marché, Espagne.
    3560 Pastorale.
    3561 Pastorale.

PIETRACQUA (Alexandre), exposant sous le nom de A. Penelli, né
à Turin (Italie). — 7, rue des Wallons, 18e.

    ***3562** La Marne à Créteil, appartient à l'auteur.
    ***3563** Notre-Dame, appartient à l'auteur.
    ***3564** Pont de Sully, appartient à l'auteur.
    ***3565** Pont d'Arcole, appartient à l'auteur.

PICHON (Mme Suzanne), née à Nancy. — 41, rue Poussin, 16e, momentanément : Hôtel de la Conque, Vence (Alpes-Maritimes).

3566 Le cap après la pluie.
3567 Le cap dans la brume.
3568 L'orage sur le port de Cannes.
3569 La petite orpheline.
3570 L'enfant au canard.

PICHON (Alfred), mort pour la France, né à Angoulême. — 41, rue Poussin, 16e.

***3571** Le phare, appartient à Mme Alfred Pichon.
***3572** Le calvaire, appartient à Mme Alfred Pichon.
***3573** Le village dans la montagne, appartient à Mme Alfred Pichon.

PINA (Alfred), né à Milan (Italie). — 16, impasse du Maine, 15e.

3574 Mont des Oliviers (marbre).
3575 Faune dansant, fragment (marbre).
3576 Buste d'enfant (marbre).
3577 Silhouette du prince (marbre).
3578 Beethoven, musée de Montpellier (bronze).
3579. Statuette, homme accroupi « Douleur » (bronze).

PINAL (Fernand), né à Bruyères-et-Montbérault (Aisne). — 3, villa Brune, 14e.

***3580** Portrait de Mme R..., appartient à Mme R...
3581 L'église de Veuilly-la-Poterie (Aisne).
3582 La prairie à Meaux.
***3583** Les bûcherons, appartient à l'auteur.
3584 Bord de Marne à Meaux.
***3585** Portrait de Mme G..., appartient à Mme G...

PLANAS (Pau), né à Barcelone (Espagne). — 81, rue Belliard, 18e.

3586 Le pot jaune.
3587 La maison blanche.
3588 La robe rouge.
3589 Maisons du quartier d'Italie.
***3590** Nu, appartient à M. P. N...
3591 La Seine à Saint-Ouen.

POITEL (Jeanne-Germaine), née à Paris. — 40, bd St-Germain, 5^e

3592 Étude de meule, appartient à l'auteur.
3593 L'aurore.
3594 La plaine.
3595 La rivière.
3596 Bords de Seine.
3597 Nocturne.

POITEUX (Béno), né à Courbevoie. — 5, rue Rouget de l'Isle, à Courbevoie.

3598 Château du B... (Orne), appartient à M. X...
3599 Vieilles maisons de Bretagne.
3600 Rue de Bruges.
3601 Château de Furstenau, (captivité).
3602 Maison du xve siècle à Insbrück (captivité), appartient à l'auteur.
3603 Château de Chillon (Suisse).

POITEUX (Marie-Victorin-Augustin), né à Mailly-Raineval (Somme). — 64, rue de l'Amiral-Roussin, 15e.

3604 Bonheur (dessin à la plume).
3605 Extase (dessin à la plume).
3606 Dupoivrot a voté (dessin à la plume).
3607 Tête à tête.
3608 Printemps (Remiencourt, Somme), aquarelle.
3609 Automne (Remiencourt, Somme), aquarelle

POITEVIN (Pierre-Jean), né à Châtellerault. — 28, quai d'Orléans, 4e.

3610 Portrait.
3611 Portrait de Mme P...
3612 Portrait de M. L...
3613 Portrait de M. G...
3614 Portrait de M. D...

POLOWETSKI (Charles-E.), né à New-York. — 4, r. Joseph-Bara, 6e.

3615 La Cité.
3616 Tête du peintre.
3617 Le Pont-Neuf sous la neige.
3618 La solitude.

POMMÉY (Jean), né à Lyon. — 98, Grande-Rue, à Créteil (Seine).

***3619** Portrait de Mme P... (pastel), appartient à Mme P...
3620 Dans les Vosges (matin de septembre).
3621 Bords de la Marne, en octobre.
3622 Mare à Friaucourt (Somme).
3623 La Falaise d'Ault (Somme).
3624 Chemin creux, Vieil-Onival (Somme).

PONTON (Raymond), né à Lamastre (Ardèche) — En stationnement : 18, rue Yvart, 15e.

3625 Effet de neige, Romainville.
3626 Paysage (zone parisienne).
3627 Paysage (zone parisienne).
3268 Dessin (paysage du Berri).
3269 Dessin (paysage de Paris).
3630 Dessin (paysage).

POPINEAU (François-Émile), né à St-Amand. — 52, rue Lhomond, 5^e

3631 Statuette (plâtre).
***3632** Victoire (projet de statue colossale), appartient à l'auteur.

POPINEAU (Louis), né à Montauban. — 8, rue de la Glacière, 13e.

3633 Le chemin de la Mandoune (matin).
3634 Le pont de Montauban.
3635 Le chemin de la Mandoune (après-midi).
3636 La baigneuse endormie.
3637 Les bords du Tarn à Montauban.
3638 A l'ombre des sureaux.

PORTAL (Henry-Paul-Marie), né à Paris. — 24, r. Eugène-Millon, 15^e

3639 Le chemin jaune (aquarelle).
3640 Maisons à St-Mandé (aquarelle).
3641 Le bol (peinture).
3642 Rayons de livres (peinture).
3643 Saint-Mandé (peinture).
3644 Sur le banc (peinture).

PORTAL (Émile), né à Marseille. — 103, rue de Ménilmontant, 20e.

3645 Colonnade.
3646 Section de camouflage.
3647 Calanque de Sormiou.
3648 Calanque à Port-de-Bouc.
3649 Bois de Boulogne.
***3650** Louisette (appartient à l'auteur).

POZZO (Charles), né à Paris. — 17, rue Delambre, 14e.

3651 Contraste.
***3652** Doudou (appartient à M. de H...)
3653 Réception à Lyon pour le retour des grands bles-
    sés.
3654 Nature morte.
3655 Route d'Epinay-sous-Sénart.

PRAX (Valentine), née à Bône (Algérie). — 35, rue Rousselet, 7e.

3656 La Seine (paysage).
3657 Clamart (paysage).
3658 Nature morte.
3659 Paysage.
3660 Nature morte.
3661 Nature morte.

PRÉVEL-COZIER (Charlotte), née à Paris. — 7, rue Cassette, 6e.

3662 Lilas.
3663 Fleurs d'Ardennes.
3664 Pivoines.
3665 Dahlias.
3666 Objets anciens.
3667 Oranges.

PRÉVILLE (Mlle Audrée), née à Paris. — 5, rue José-Maria-de-
Hérédia, 7e.

3668 Soudanais dans leur case (peinture à l'huile).
3669 Le marchand de fruits (peinture à l'huile).
3670 Rue tunisienne (gouache).
3671 Dans les Souks de Tunis (aquarelle).
3672 Pins parasol au bord de la mer (aquarelle).
3673 Les Roches rouges (aquarelle).

PRINGAULT (Julia), née à Rennes. — 72, boulevard Victor-Hugo,
5 *bis*, villa de Villiers, à Neuilly-sur-Seine.

3674 Roses au soleil le matin.
3675 Roses au soleil le soir.
3676 A Bagatelle.
3677 Frise.
3678 Motif décoratif.
3679 Motif décoratif.

PRODHON (Emile-Auguste), né à Paris. — 25, r. des Vinaigriers, 10°.

3680 Après midi d'été (S.-et-O.).
3681 Les nénuphars.
3682 Matin d'août.
3683 Entrée d'Etiolles (S.-et-O.).
3684 Le jardin de ma mère.
3685 Ruisseau d'Etiolles (S.-et-O.)

PROST (Gaston), né à Paris. — 62, rue de Rennes, 6°.

3686 L'étang de Villeneuve ensoleillé.
3687 Le Pont-Neuf.
3688 Derniers rayons à Villeneuve-l'Etang.
3689 Le matin à l'étang de Villeneuve.
3690 Effet de neige à Lure.
3691 Le moulin de Sauret à Montpellier.

PUECH (Ernest), né à Beaucaire (Gard). — 6, rue Vercingétorix, 14°.

3692 Le Mazet par temps gris.
3693 Les oliviers le soir.
3694 La marguerite.
3695 Les vignes au repos.
3696 Le vieil olivier en Provence.
3697 Du château de Beaucaire.

PUY Jean), né à Roanne. — 128 *bis*, boulevard de Clichy, 18°.

***3698** Eglise de la Ferté Milon (appartient à M. Vollard.)
***3699** Eglise de St-Alban (appartient à M. V llard).
***3700** Intérieur (appartient à M. Vollard).
***3701** Lecture (appartient à M. Vollard).
***3702** Nature morte (appartient à M. Frès).
***3703** Marine (appartient à M. Frès).

QUENTIN-MILLE (Marthe), née à Reims. — 62, bd Barbès, 18°.

3704 Porteuse d'oranges.
3705 Femme à sa toilette.
3706 Jeune femme.
3707 Fruits sous la vérandah (hiver).
3708 Vieilles maisons au Pl. St-Pierre (St-Servan).
3709 Tête d'enfant.

QUELVÉE (François-Albert), né à Évreux. — 153, av. Wagram, 17ᵉ.

3710 Suzanne au bain.
3711 Danaé (détrempe).
3712 Nocturne.
3713 Enfants dans le Parc Monceau.

QUESNEL (Robert-Cam.), né à Paris. — 278, bd Raspail, 14ᵉ.

3714 Cloître de San Francesco (Fiesole).
3715 Chapelle (environs de Fouesnant).
3716 Dentellière de Pont-l'Abbé (Finistère).
3717 Dentellière sous les pins (Ste-Marine).
3718 Baie de Saint-Tropez (Var).
3719 Paysage provençal.

RABOIN (Daniel), né à La Tronche (Isère). — 11 bis, r. d'Auteuil, 16ᵉ

3720 Bords de Seine, Auteuil (effet du matin).
3721 Pic de la Meije.
3722 La Meije.
3723 Lac de Cos (massif des Sept Laux).
3724 Bords de Seine, Auteuil (brouillard).
3725 Bords de Seine, Auteuil

RADDA (Mᵐᵉ), née à Paris. — 117, rue N.-D.-des-Champs, 6ᵉ.

3726 Jeune fille
3727 Nature morte
3728 Nature morte (buste rouge)
3729 Tête souriante
3730 Tête
3731 Nature morte (soucis)

RAMEAU (Claude), né à Bourbon-Lancy (Saône-et-Loire). — Chez M. Marcel Bernheim, 2 bis, rue de Caumartin, 9ᵉ.

***3732** La demoiselle du château (paysage) appartient au
Docteur Cordier.
3733 L'âne (paysage).

RAPPA (Séverin), né à Andorno-Cacciorna (Italie). — 35, rue de la Tombe-Issoire, 14ᵉ.

***3734** Cadre de dessins et portraits au crayon.
***3735** Cadre de dessins et portraits au crayon.
***3736** Cadre de dessins et portraits au crayon.

RAVAUX (Edmond-Jacques), né à Paris. — 87, rue des Rigoles, 20e.

3737 Chantilly.
3738 Chantilly.
3739 Chantilly.
3740 Chartres.
3741 Amiens.
3742 Amiens.

RAVLIN (Mlle Grace), née en Illinois (Etats-Unis). — Chez M. Lefebvre-Foinet, 19, rue Vavin, 6e.

3743 Fleurs (Etains).
3744 Le thé.
3745 Fleurs.
3746 Bouquet.
3747 Jour de fête.
3748 Fruits.

RAVOT (Camille), né à Villenauxe (Aude). — 37, r. des Morillons, 15e.

3749 Le nouveau riche (plâtre) original.
3750 En avant! (marbre) original.
3751 Pour la liberté (plâtre) original.
3752 Bataille de fleurs (terre cuite) original.
4753 Fleur d'Alsace (terre cuite) original.
3754 Buste de Jaurès (bronze).

RAMEY (Henry), né à La Fère (Aisne). — 32, rue Gabrielle, 18e.

***3755** Eglise d'Audierne (appartient à M. Chéron).
***3756** Nature morte (appartient à M. Devraigne).
***3757** Portrait de Mme M. R... (appartient à M. Descaves)
3758 Portrait de Mlle V. Prax.
3759 Portrait de l'artiste.
3760 L'embouchure du Goyen.

RAMOND (Paul), né à Toulouse. — 3, place intérieure Saint-Michel, à Toulouse.

3761 Pommiers fleuris (Hautes-Pyrénées).
3762 Pommiers fleuris en Roussillon.
3763 Etude de paysage.
3764 Etude de paysage.
3765 Etude de paysage.
3766 Etude de paysage.

RAVEROT (Emmanuel), né à Mandres (S.-et-M.). — 27, r. Monge, 5e.

***3767** La Vierge de Brou (appartient à l'auteur).
***3768** Chambre des Reines (château de Versailles), ap-
      partient à l'auteur).
3769 Hôtel de Sens (aquarelle).
***3770** Vieille maison à Toddington (Sussex), aquarelle
      (appartient à l'auteur).
3771 Le pont Marie (aquarelle).
3772 Le pavillon français, Trianon (pastel).

REGNIAULT (Mme Marguerite-Henri), née à L'Ile-Bouchard (Indre-
et-Loire). — 10, avenue de l'Opéra, 2e.

3773 Venise.
3774 Venise.

REGNIER (André), né à Paris. — 3, rue d'Avron, 20e.

3775 Genève (les quais).
3776 Genève (bateaux).
3777 Vauderland (Seine-et-Oise).
3778 Laveuse (étude).
3779 Printemps.
3780 Goussainville (S.-et-O.).

REGNIER (Ludovic), né à Paris. — Villa des Tilleuls, 45, rue de
Sèvres, à Clamart (Seine).

3781 Intérieur de serre.
3782 Coin de jardin (pavots).
3783 Blés fleuris.
3784 Drapeau belge (tulipes et pensées).
3785 La treille (raisins).
3786 Sentier dans les blés.

REITRAC (François), né à Paris. — Chez M. François Cartier, 63,
rue Michel-Ange, 16e.

3787 Le coin des suicidés à Monaco.
3788 Le palais interocéanographique à Monaco.
3789 Sous les oliviers, au cap d'Ail (A.-M.).
3790 Le glacier de Buarbroe (Norvège).

RENDON (Manuel-Antonio), né à Guayaquil. — 117, rue Notre-Dame-des-Champs, 6e.

3791 La femme en orange.
3792 Torse.
3793 La femme à l'éventail.
3794 Jeune fille assise.
***3795** Portrait de l'artiste (appartient à M. R...)
3796 Portrait.

RENDU (Marcel), né à Paris. — Le Hublot, boulevard de Garavan, à Menton. (Alpes-Maritimes).

3797 Etude.
3798 Etude.
3799 Etude.
3800 Etude.

RENÉ-JUSTE (Jean-C.), né à Paris. — St-Pierre-lès-Nemours (Seine-et-Marne).

3801 Mon jardin.
3802 Neige en Corrèze.
3803 Neige à Marlotte.
3804 Des masures (neige).
3805 Pluie en Creuse.
3806 La vieille maison du Faoü.

RENUCCI (Charles), né à Arro (Corse). — 6, rue des Grimettes, à Meudon (S.-et-O.).

3807 Golfe d'Ajaccio (étude).
3808 Vallée du Liamone (Corse), étude.
3809 Sous les hêtres, Meudon (étude).
3810 Après l'orage, Meudon (étude).
3811 A travers une coupe, Meudon.
3812 En revenant du bois, Meudon (étude).

RERUTKIEWICZ (François), né à Stanislawow (Pologne). — 43, rue Descartes, 5e.

3813 Nature morte (ripolin).
3814 Nature morte (huile).
3815 Nu (gravure).
3816 Paysage (gravure).

RÉTIF (Maurice), né à Sancoins (Cher). — Sancoins (Cher).

3817 La cheminée.
***3818** Portrait de Mme X...
3819 Le clocher.
3820 Femme à la cheminée.
3821 Le vieux charron.
3822 Sœur Philomène.

REYMOND (Carlos), né à Paris. — 7, rue Daru, 8e.

3823 Dessin.
3824 Dessin.
3825 Dessin.
3826 Aquarelle.
3827 Aquarelle.
3828 Portrait.

RIBEAUCOURT (Jules), né à Maubeuge (Nord). — 5, rue Nobel, 18e.

3829 Croix de Vie.
3830 Saint-Gilles.
3831 Quai à Quimperlé.
3832 Pont à Quimperlé.
3833 Rue à Saint-Gilles.
3834 Quai à Saint-Gilles.

RIBEMONT-DESSAIGNES (Georges), né à Montpellier (Hérault). — 18, rue Fourcroy, 17e.

3835 Her-Hin.
3836 Continent.
3837 Certitude.
3838 Les noces de Cana.

RIBERT (Mme Juliette-Louise-Yvonne), née à Saint-Maurice (Seine). — 4, rue de Castellane, 8e.

3839 Nature morte.
***3840** Roses (appartient à Mme Duchêne).
3841 La marchande d'oranges.
3842 Pivoines.
3843 Jeanine (pastel).
3844 Mlle L... (pastel).

RICHARD (Jules), né à Paris. — 64, rue Rambuteau, 1er.

3845 A travers Ormesson (effet de neige).
3846 Le pont (effet d'automne).
3847 Vieux mur à Sucy-en-Brie.
3848 La neige sous bois.
***3849** Clair de lune sous bois (appartient à M. Dépinoix).
***3850** Soleil couchant (appartient à M. Dépinoix).

RIGNY (Alfred), né à New-York. — 9, rue Falguière, 15e.

3851 Peinture.
3852 Peinture.
3853 Peinture.
3854 Peinture.
3855 Peinture.
3856 Fleurs.

RIJ-ROUSSEAU (J.), né à Condé (M.-et-L.). — 86, rue Notre-Dame-des-Champs, 6e.

3857 Paysage.
3858 Figures et masques.
3859 Portrait de Mme X...
3860 Paysage (clair de lune).
3861 Masques de femmes.
3862 Dessin (portrait).

RIMBERT (Ilia-René), né à Paris. — 2 bis, rue de Montenotte, 17e.

3863 Le livre ouvert.
3864 Statuette à la glace.
3865 Nature morte.
3866 Le pot jaune.
3867 Le bol bleu.
3868 Le bol blanc.

RIOUX (Henri-Ernest), né à Bois-Colombes (Seine). — 32, rue Gabrielle, 18e.

3869 Paysage (Collioure).
3870 Paysage (Paris).
3871 Paysage (Paris).
3872 Paysage (Collioure).
3873 Paysage (Florence).

RISLER (Jacques), né à Loerrach. — 6, rue Desaix, 15e.

3874 Ferme à Kerboul.
3875 Vieilles maisons.
3876 Nature morte.
3877 Coin de ferme.
3878 Poissons (dessin).
3879 Portrait (dessin).

ROBERTY (André), né à Paris. — 59, rue Caulaincourt, 18e.

3880 Courges et œillets (peinture ovale).
3881 Nature morte (peinture).
3882 Vue d'Antibes (peinture).
3883 Petit port de Provence (peinture).
3884 Suzanne (pastel).
3885 Baigneuse (pastel).

ROCHA (Jeanne de la), née à Joinville-le-Pont (Seine). — 25, rue Victor-Massé, 9e.

3886 Pouf (soie peinte et brodée).
3887 Pouf (soie peinte et brodée).
3888 Paravent (soie peinte et brodée).
3889 Paravent (soie peinte et brodée).

ROCHE (Juliette), née à Paris. — 15, boulevard Lannes, 16e.

3890 Figure.
3891 Nature morte.
3892 Figures.
3893 Espagnoles.
3894 Nature morte.
3895 Nature morte.

ROLL (Marcel-Philippe), né à Paris. — 41, rue Alphonse-de-Neuville, 17e.

3896 Etude (pastel).
3897 Le poète (pastel).
3898 Drame à deux personnages (pastel).
3899 Scène à trois personnages (pastel).
3900 Etude de tête.
***3901** Etude de tête (appartient à M. A. M.).

ROSPIGLIOSI (Ferdinand), né à Rome. — 4, rue Caroline, 17ᵉ.

3902 Alpes.
3903 Port-Cros.
3904 Porquerolles.
3905 Notre-Dame du Lac noir.
3906 Porquerolles (esquisse).

ROSSI (Joseph), né à Plaisance (Italie). — 26, rue du Départ, 14ᵉ.

3907 Intérieur.
3908 Femme et fleurs.
3909 Femme cousant.
3910 Paysanne allaitant son enfant.
3911 Femme en violet.
3912 Femme devant la fenêtre.

ROUART (Ernest), né à Paris. — 40, rue de Villejust, 16ᵉ.

3913 La corbeille de Flore.
3914 Sur la route du Calvaire.
3915 Panier de fruits.
3916 Etude.

ROURE (Auguste-Louis), né à Avignon (Vaucluse). — 12, rue du Petit-Paradis, à Avignon.

3917 La falaise de Four.
3918 Paysage du Languedoc.

ROUVEAU (Antoinette) (Mˡˡᵉ Marguerite Chauveau, exposant sous le nom de), née à Paris. — 90, avenue du Maine, 14ᵉ.

3919 Fleurs (peinture).
3920 Fruits (peinture).
3921 Coucher de soleil (pastel).
3922 La neige à Paris (pastel).
3923 Sous bois en automne (pastel).
3924 Anémones (pastel).

ROUBILLOTTE, né à Paris. — rue André-del-Sarte, 18ᵉ.

3925 Chat (toilette).
3926 Chat au repos.
3927 Chat faisant sa toilette.
3928 Chat au repos.
3929 Chats.

ROUGEOT (Pierre), né à Paris. — 177, boulevard Péreire, 17°.

3930 Nature morte (panneau décoratif).
3931 Paysage (île de Noirmoutiers).
3932 Nature morte (panneau décoratif).
3933 Paysage (les trois sapins).
3934 Nature morte (œufs).
3935 Nature morte (fleurs).

ROUQUAYROL (Georges). — 36 *ter*, rue de la Tour-d'Auvergne, 9°.

3936 Novembre.
3937 Novembre.
3938 Novembre.
3939 Novembre.
3940 Novembre.
3941 Novembre.

ROUX (Marcel, jeune), né à Lyon. — 10, rue de Bagneux, 6°.

3942 L'été.
3943 L'hiver.
3944 Le Peau-Rouge.
3945 Illustration pour un conte de Franz Toussaint.
3946 Les souliers rouges (conte d'Andersen).
3947 Les souliers rouges (conte d'Andersen).

ROUX (Marcel), né à Bessenay (Rhône). — 10, rue de Bagneux, 6°.

3948 Naissance d'Eve.

RUBCZAK (Jan), né à Cracovie (Pologne). — 9, rue Campagne-Première, 14°.

3949 La carrière.
3950 Paysage provençal.
3951 Pont-Saint-Michel.
3852 Paysage à Lannion.
3953 Paysage à Audierne.
3954 Paysage à Beaucaire.

RUBCZAK (Mᵐᵉ Marya), née à Varsovie (Pologne). — 12, boulevard Edgar-Quinet, 14°.

3955 La plage.
3956 Deux petites filles jouent au ballon.
3957 L'Annonciation.
3958 Les enfants.

RUSSELL (John), né à Hamilton (Canada). — 17, rue Campagne-Première, 14e.

3959 Portrait.
3960 Chef indien Pied-Noir.
3961 Etude.
3962 Etude.
3963 Etude.
3964 Etude.

SABBAGH (G.-H.), né à Alexandrie (Egypte). — 10, rue Philibert-Delorme, 17e.

3965 Atelier.
3966 Jean-Jean debout.
3967 Jean-Jean assis.

SAGLIER (Jacqueline), née à Paris. — 15, rue du Conservatoire, 9e.

3968 Nature morte.
3969 Des roses.
3970 Etude.
3971 Le Luxembourg.
3972 Le cap Canaille (Toulon).
3973 La clairière.

SAINT-DELIS (René de), né à Saint-Omer (P.-de-C.). — 8, rue Emile-Zola, Le Havre.

3974 Avant-port du Havre.
3975 Sous bois.
3976 Barques de pêche (nuit).
3977 Baigneurs du Havre.
3978 Nature morte.
3979 Marine.

SAINT-PAUL (Jean), né à Paris. — 24, avenue Trudaine, 9e.

***3980** Portrait de Mme S. P... (appartient à Mme S. P...)
3981 L'eau du lac (paysage).
3982 Le vent du lac (paysage).
3983 La brume du lac (paysage).

SALA (Joaquim), né à Barcelone. — 14, rue Humblot, 15e.

***3984** Une vitrine : pâtes de verre.

SALA (Jean), né à Barcelone. — 68, boulevard Edgar-Quinet, 14e.

3985 Une vitrine contenant des pâtes de verre.

SAMLICKI (Martin), né à Cracovie (Pologne). — Chez M. Czerwinski, 19, rue Daguerre, 14e.

3986 Portrait de Mlle Dettloff.
3987 Un graveur (Czerwinski).
3988 Châtaignes.
3989 Vue du Vigan.
3990 Portrait de Patrice de Teulade.
3991 Patrice au coin du feu.

SAMSON (Gustave). — 63, rue Georges-Clemenceau, à Granville.

3992 Rêverie.
3993 Jeune fille.
3994 Alsacienne.
3995 Le cuistot au cantonnement.

SARALLY (Pierre de), né à Beine (Marne). — 41, r. de Seine, 6e.

***3996** Au bord de l'étang (appartient à M. Cornot).
***3997** Crépuscule (appartient à M. Cornot).
***3998** Soleil d'été (appartient à M. Cornot).
***3999** Effet de forêt (appartient à M. Cornot).

SARDIN (Albert-Edmond), né à Arcis-sur-Aube. — 9, r. Falguière, 15e.

4000 Etude à Chaville.
4001 Etude à Chaville.
4002 Etude à Crozant (Creuse).
4003 Etude à Viroflay.
4004 Paysage.

SARLAND (Ida), née à San-Francisco. — 84, rue d'Assas, 6e.

4005 Nature morte (flou) peinture à l'huile.
4006 La fileuse (peinture à l'huile).
4007 Rue à Toledo (peinture à l'huile).
4008 Danseuse russe (aquarelle).
4009 Dans le parc Retiro (aquarelle).
4010 Au jardin du Luxembourg (peinture à l'huile).

SASSY (Stany), né à St-Denis (Ile de la Réunion). — 63, rue de
Seine, 6°.

> **4011** Rochers le soir à Carqueiranne (Var).
> **4012** Rochers le matin à Carqueiranne (Var).
> **4013** Rochers à San Salvadour (Var).
> **4014** Printemps à Carqueiranne (Var).
> **4015** Rochers du fort Féno, Carqueiranne (Var).
> **4016** Les pins (campagne Nepoty) Carqueiranne (Var).

SCHALLER-MOUILLOT (Mme Charlotte), née à Berne. — 38 *bis*,
rue Boulard, 14°.

> **4017** Panneau décoratif.
> **4018** Panneau décoratif.
> **4019** Panneau décoratif.
> **4020** Paysage.
> **4021** Intérieur.
> **4022** Au jardin.

SCHERRER (Cécile), née à Clermont-Ferrand. — 4, rue Camille-
Tahan, 18°.

> **4023** Automne.
> **4024** Nature morte.
> **4025** Nature morte.

SCHNEEGANS (Mlle Charlotte), née à Cahors (Lot). — 165, rue
de Courcelles, 17°.

> **4026** Vase empire et fleurs.
> **4027** Nature morte (fleurs et livres).
> **4028** Nature morte.
> **4029** Intérieur.
> **4030** Vieille poupée alsacienne.
> **4031** Tanagra et chrysanthèmes.

SCHŒFFEL (Edouard), exposant sous le nom de Bollène, né en
Alsace. — 3, rue de l'Ecole-de-Médecine, 5°.

> **4032** Les meules.
> **4033** Au clair de lune.
> **4034** Intérieur de bergerie.
> **4035** Le soir.
> **4036** Le matin.
> **4037** Moutons (pastel).

SCHOEN (Daniel), né à Mulhouse (Alsace). — 11, place de Bordeaux, à Strasbourg.

4038 Parade nocturne.
4039 Le rapt.
4040 Dahlias.
***4041** Portrait.
4042 Construction d'un pont à Rome.
4043 A la fenêtre.

SCHREIBER (Georges), né à Paris. — 3, rue Jules-César, 12e.

4044 La Sémine, St-Germain-de-Joux (Jura).
4045 Peupliers (soleil couchant).
4046 La meule (soleil couchant).
4047 Paysage.
4048 Paysage.
4049 Paysage.

SCHUH (Joseph), né à Losheim. — 41, rue Taitbout, 9e.

4050 Paysage (Nuits-St-Georges).
4051 Etude (Boulogne-sur-Mer).
4052 Etude (Boulogne-sur-Mer).
4053 Etude (Boulogne-sur-Mer).

SCHUTZ (Emile), né à Paris. — 24, rue du Marché, Levallois-Perret.

4054 Saint-Cloud (fin de journée d'été).
4055 Saint-Cloud (bassin des 24 jets.
4056 Saint-Cloud bassin des 24 jets).
4057 Saint-Cloud (bassin des 24 jets).
4058 Saint-Cloud (la grande allée)
4059 Rêverie (lac St-James).

SCHWETTE (Alexandre), né à Riga. — 27 *bis*, avenue du Parc-Montsouris, 14e.

4060 Oranges.
4061 Nature morte.
4062 Pivoines roses.
4063 Ravin (Paris-Plage).
4064 Fleurs.
4065 Eglise anglaise (Paris-Plage).

SCOSSA (Ferdinand), né à Paris. — 4, rue Frédéric-Bastiat, 8°.

4066 Verger à Chelles.
4067 Une femme à Vic-Bigorre.
4068 L'Echez à Vic-Bigorre (hiver).
4069 L'Adour à Artagnan.
4070 Barrage sur l'Echez (Vic-Bigorre).
4071 Une mare (Vic-Bigorre).

SEEBERGER (Jules), né à Vienne (Isère). — 13, rue Fénelon, 10°.

4072 Devant la glace.
4073 Orientale.
4074 Amoureuse.
4075 La femme à la rose.
4076 La femme au ruban jaune.

SEEVAGEN, né à Chaumont. — 8, rue de la Grande-Chaumière, 6°.

4077 Chrysanthèmes blancs.
4078 Paysage.
4079 Effet de neige.
4080 Effet de neige (Observatoire).
4081 Pommes au pot.
4082 Pommes.

SEGUIN (Arsène), né à Saint-Malo. — 10, rue Auguste-Buisson, à La Garenne-Colombes.

4083 Côtes de Bretagne (retour de pêche).
4084 Bords de la Seine.

SEGUIN (Nicolas-Alexandre), né à Paris. — 39, rue d'Alsace, 10°.

4085 A Gournay (fin du jour).
4086 A Villeneuve-la-Garenne (matinée de septembre).
4087 Navires louvoyant dans la baie de la Seine.
4088 Juillet au Gros-Noyer.
4089 Pommes et noix.
4090 Dans la neige.

SEGUIN-BERTAULT (Paul), né à Châteaurenault. — 68, rue d'Assas, 6°.

4091 Grands sujets (Opéra).
4092 L'Etoile (coulisses de l'Opéra).
4093 Sur le plateau (Opéra).
4094 Dans les coulisses (Opéra).
4095 La boutique fantasque (ballets russes).

SELMERSHEIM-DESGRANGE (Jeanne), née à Paris. — 14, rue de L'Abbaye, 6e.

***4096** Nature morte (pommes).
***4097** Bouquet œillets.
***4098** Anémones et livres.

SERMAISE-PÉRILLARD (Louise), née à Paris. — 7, r. de Lancry, 10e

4099 Nature morte.
4100 Etude de nu.
4101 Paysage en Seine-et-Oise.
4102 Coings et bouteille verte.
4103 Nature morte (soucis).
4104 Harengs saurs.

SERREPUY (Jean), né à Pierrelate (Drôme). — 9, avenue Faidherbe, à Asnières.

4105 Paysage de la Marne. —
4106 Lever de lune.
4107 Lever de lune.
4108 Coucher de soleil.
4109 Paysage de la Marne.
4110 Coucher de soleil.

SÉVEAU (Georges), né à Poitiers. — 91, rue de l'Amiral-Mouchez, 14e

4111 Rue Dauphine.
4112 La Seine au quai des Célestins.
4113 Le quai du Louvre.
4114 Rue Christine.
4115 La Seine au pont de Sully.
4116 Le quai des Grands-Augustins.

SIMON (Jacques-Roger), né à Paris. — 5, rue Falguière, 15e

4117 Le parc.
4118 Le port du Lud.

SEVERINI (Gino), né à Cortona (Toscane) Italie. — 20, rue Ernest-Cresson, 14e

***4119** Arlequin (appartient à M. Léonce Rosenberg).
***4120** Nature morte (guitare) appartient à M. Léonce Rosenberg).
***4121** Nature morte (appartient à M. Léonce Rosenberg).
***4122** Nature morte (appartient à M. Léonce Rosenberg).

SHORE (Bethea-E.), née aux Indes Anglaises. — 38, Harrington Gardens, Londres S. W. 7.

4123 Venise. Le Zattere.
4124 Venise. I Caccia-torpedinieri.
4125 Venise. Temps brumeux.
4126 Venise. Rio della Pallada o Lombardo.
4127 Venise. La voile jaune.

SIGNAC (Paul), né à Paris. — 14, rue La Fontaine, 16e.

4128 Entrée du port de Marseille.
4129 Cannes (carton).
4130 Pont des-Arts (aquarelle).
4131 Notre-Dame (aquarelle).

SIGRIST (Edmond), né à Paris. — 25, rue Darcau, 14e.

4132 La route (paysage).
4133 Le vieux port.
4134 Jeunes filles.
*4135 Portrait (appartient à Mme S...)
4136 Villeneuve-les-Avignon.
4137 Paysage.

SILZ (Edith), née à Nantes. — 15, rue Gœthe, 16e.

4138 Fleurs d'été.
4139 Les barques.
4140 Les chaumières.
4141 Côte normande.
4142 Au couchant.

SIMON (Lévy), né à Strasbourg. — 17, rue Campagne-Première, 14e.

4143 Nature morte.
4144 Nature morte.
4145 Nature morte.
4146 Nature morte.
4147 Paysage.
4148 Portrait.

SIMONNET (Georges-Gaston), né à Pleurs (Marne). — 172, rue Cardinet, 17°.

    4149 Vieux moulin (Vendée).
    4150 Sous bois (Vendée).
    4151 Ruisseau d'Auvergne (le matin).
    4152 Ruisseau d'Auvergne (le soir).
    4153 Maison natale de G. Clemenceau, à Mouilleron-en-Pareds (Vendée).
    4154 Tour du château de la Vallée (Vendée), ancienne propriété du général de Lafayette.

SICESTEDT (Yvonne), née à Neuilly-sur-Seine. — 159, avenue de Malakoff, 16°.

    4155 Les jeux.
    4156 Le bain.
    4157 Après le bain.
    4158 Baigneuses.
    4159 Baigneuses.

SIVADE (André), né à Nice. — 93, rue de Maubeuge, 9°.

    4160 Agay.
    4161 Les cactus.
    4162 Matin à Agay.
    ***4163** Sous-bois à Boulouris (appartient à Mme N. S...)
    4164 Coin de parc.
    4165 Appollon en exil, tapisserie (en collaboration avec Mme Nelly Sivade).

SMITH (Francis), né à Lisbonne. — 44, rue des Martyrs, 9°.

    4166 Nature morte.
    4167 Paysage basque.
    4168 Paysage basque.
    4169 Maison grise.
    4170 Temps gris.

SOHEK (Louis), né à Paris. — 14, rue Saint-Lazare, 9°.

    4171 La Furka.
    4172 Le Cervin.
    4173 Décor de nature.

SONBERG (Folke-W.), né à Gothembourg (Suède). — 32, rue Monsieur-le-Prince, 6e.

4174 Etude de portrait (peinture à l'huile).
4175 Motif de Montmartre (peinture à l'huile).
4176 Motif de Montmartre (pastel).
4177 Motif de Montmartre (pastel).
4178 Notre-Dame pendant le crépuscule (pastel).
4179 Pont Alexandre III (peinture à l'huile).

SONNEVILLE (Georges Préveraud de), né à Nouméa (Nouvelle-Calédonie). — 23, rue du Couvent, à Bordeaux.

4180 La ferme sous les arbres.
4181 Paysage avec personnages.
*4182 Le déjeuner (appartient à l'auteur).
4183 Nature morte (fruits).
4184 Nature morte (fleurs).
4185 Nature morte (fleurs).

SOYER (Henriette), née à Paris. — 20, rue Chalgrin, 16e

4186 Fleurs.
4187 Fleurs.
4188 Fleurs.
4189 Fleurs.

STAIGER (Edmond), né à Paris. — 2, avenue Maurice-Berteaux, à Sartrouville (S.-et-O.).

4190 Les gerbes.
4191 Maison de Guy de Maupassant.
4192 L'arbre du chemin des Moutons.
4193 Vase bleu.
4194 Vase rouge.
4195 Tournant de la Frète.

STILLER (Victor), né à Mandalay (Indes Anglaises). — 78, rue Lafayette, 9e.

4196 Sous-bois.
4197 Sous-bois.
4198 L'arbre en fleurs.
4199 Coucher de soleil.
4200 Nature morte.
4201 Nature morte.

STOYANOVITCH (Dragui), né à Arandjelovac (Serbie). — 15, rue
Boissonade, 15°.

4202 Danseuse (dessin).
4203 Portrait (pastel).
4204 Compris (gouache).
4205 Compris (gouache).
4206 Portrait de Mme X... (pastel).
***4207** Portrait de M. G... (appartient à M. X...)

STREIB (Georges), né à Paris. — 1 bis, rue Friant, 14°

4208 Ferme du Perche.
4209 Ferme du Perche (vieux moulin).
4210 Coins de la ville-au-Clercs (L.-et-C.).
4211 La basse-cour.
4212 Le chemin vert.
4213 Paysage d'automne.

SUE (Gabriel), né à Marseille. — Servanches par Ste-Aulaye (Dordog.)

4214 Chiens gascons (saintongeois).
4215 Attelage de bœufs.
4216 Biches et cerfs.
4217 Dindons sauvages.
4218 La mare aux oies.
4219 Sanglier.

SUIRE (Louis), né à Cognac. — 17, rue Git-le-Cœur, 6°.

4220 La cheminée (nature morte).
4221 Intérieur.
4222 Paysage.
4223 Baie de Saint-Tropez.
4224 L'éventail (nature morte).

SULZER (Fréd.), né à Winterthur (Suisse. — 39, rue de Douai, 9°.

4225 Nature morte (fleurs.
4226 Nature morte.
***4227** Maisons à Piriac (appartient à M. X...)

SURVAGE (Léopold), né à Wilmanstrand (Finlande). — 229, boulevard Raspail, 14°

4228 Ville.
4229 Ville avec oiseau.
4230 Paysage.

SUYKENS (Henri), né à Bruxelles. — 1, boulevard de Clichy, 9e.

4231 Les hirondelles.
4232 La Chapelle de la Madone à Menton.
4233 La maison de Mimi Pinson (Montmartre).
4234 Le boulanger.
4235 Roses et jeune Bacchus.

SWANZY (Mlle Mary), née à Dublin (Irlande). — Saint-Brendans, Coolock, co Dublin (Irlande).

***4236** Portrait.
4237 Arbres solitaires.
4238 Sur la côte d'Irlande.

SWIECINSKI (Georges-Clément de), né à Radautz (Pologne). — 24, boulevard Raspail, 14e.

4239 Un Sénégalais (portrait).
4240 Shen-Tsou-Wey (portrait polychrome).
4241 Japonaise bleue.
4442 Notre-Dame-des-Réfugiés (pierre directe).

SYLVANY (Michel), né à Paris. — 55, rue du Cherche-Midi, 6e.

4243 Danse à Bacchus (panneau décoratif).
4244 Léda (petit panneau).
4245 Les vendanges (panneau décoratif).
4246 Théorie antique (frise).
4247 Danseuses (panneau décoratif).

SYNAVE (Tancrède), né à Paris. — 41, rue Bayen, 17e.

***4248** Dessin.
***4249** Dessin.
***4250** Peinture.
***4251** Peinture.
***4252** Peinture.
***4253** Peinture.

SYROVY (Joza). — 37, rue Lamarck, 18e.

4254 Le vieux parc.
4255 L'arbre en fleurs.
4256 Les cygnes.
4257 Le crépuscule.
4258 Les meules.
4259 Notre-Dame.

TABOURET (Émile-Ernest), né à Lyon. — 24, rue de la Fidélité, 9e.

4260 Tailleurs de pierres (Belgique).
4261 Marché Saint-Gilles (Belgique).
4262 Marché près Bruxelles.
4263 Paysans des Flandres (Belgique).
4264 Terrasse de café à Paris.
4265 Les terrassiers belges.

TARKHOFF (Nicolas), né à Moscou. — Au Buisson-Picard, Orsay.

4266 Chat et fruits.
4267 Coq au printemps.
4268 Début de printemps.
4269 Roses et chats.
4270 Poirier en fleurs.
4271 Soleils (fleurs).

TASSENCOURT (Edwards-Béatrice), né à Kansas-City (États-Unis). — 9, villa Brune, 14e.

4272 Les moissonneurs.
***4273** Portrait (appartient à M. M...).
4274 Nature morte.
4275 L'avenue de cyprès.

TASSENCOURT (Maurice), né à Amiens. — 9, villa Brune, 14e.

4276 Les cavaliers.
***4277** Calme labeur (appartient à M. B...).
***4278** Tête de jeune fille (appartient à M. B...).
4279 Chaise.
4280 Chaise.
4281 Chaise.

TAVERNIER (Julien-Louis), né à Paris. — 22, rue Bonaparte, 6e.

4282 Nu.
4283 Nu.
4284 Les oreilles (nu).
***4285** Portrait de Mme X... appartient à Mme X...

TAVERNIER (Hippolyte), né à Lyon. — 100, rue d'Assas, 6e.

4286 Baigneuse (étude de nu).
4287 Nature morte (buste plâtre).
4288 Nature morte (pommes, raisins).
4289 Paysage (la Chaise-Dieu).
4290 Nature morte (le petit déjeuner).
***4291** Nature morte (fleurs bleues et roses), ap. à Mme X.

TESSON (Louis), né à Paris. — 36, avenue de Châtillon, 14e.

4292 Femme au chat.
4293 Luxembourg.
4294 Chanteuse.
4295 Saint-Guénolé.
4296 Chapelle de Penmarch.
4297 Goëmons.

TEXCIER (Jean), né à Rouen. — 4, rue Leneveux, 14e.

4298 L'île Tudy (Bretagne), matin.
4299 L'île Tudy (Bretagne), soir.
4300 Petits jardins à Montrouge.
4301 Le dégel (environs de Rouen).

THÉNARD (Georges), né à Paris. — 10, r. de la Butte-aux-Cailles, 13e.

4302 Marronnier rose.
4303 Rue à Thiais.
4304 Paysage à Thiais.
4305 Chrysanthèmes.
4306 Nature morte au panier.
4307 Fruits et roses de Noël.

THIOLLIER (Mlle Claude-Emma), née à Saint-Étienne. — Impasse du Vieux-Montaud, Saint-Étienne.

4308 Crépuscule (sommet du Puy-de-Dôme) peinture.
4309 Verrières sous la neige (pastel).
4310 Cloître en automne (pastel).
4311 L'arbre de Judée (pastel).
4312 Paysanne de France (sculpture bronze).
4313 L'aviation (bas-relief plâtre) exemplaire unique.

THIOLLIÈRE (Raymond), né à Roanne. — 20, rue Mazarine, 6°.

  4314 L'enterrement.
  4315 La paix.
  4316 L'attente.
***4317** Village de Petros Hamon (paysage), appartient à
      M. Dlougowski.
***4318** Le bras du Chapitre (Créteil) paysage, appartient
      à Mme Mousty.
***4319** Village du Morvan (paysage).

THOMAS (André), né à Malakoff. — 4, rue des Prêtres-St-Séverin, 5°.

  4320 Sur la table (nature morte).
  4321 Les quais (Seine).
  4322 Paysage (Chelles).
  4323 Fruits (étude).
  4324 Les toits.
  4325 Baigneuses.

THOMAS (Jean-François), né à Guemené-Penfao (Loire-Inférieure).
— 28, rue Pigalle, 9°.

  4326 Femme à la poupée.
  4327 Les cartes.
  4328 Nu.
  4329 Femme au corsage rouge.
  4330 La leçon de piano.
  4331 Paysage aux environs de Nantes.

THOMASSIN (A.), né à Paris. — 8, rue des Écoles, à Charenton.

  4332 Environs de Lannion.
  4333 La Seine au Pont National.
  4334 La maison du Passeur.
  4335 Les bords du Rhône.
  4336 Petite ferme et moulin.
  4337 Bords de rivière.

THORNDIK (Charles), né à Paris. — 26, rue Friant, 14°.

  4338 Cour de ferme (Hautes-Alpes).
  4339 Paysage.
  4340 Halle aux poissons (Les Martigues).
  4341 Paysage (Hautes-Alpes).

TIL (Andrée), née à Strasbourg. — 33, rue George-Sand, 16e.

4342 Biarritz le 15 août 1919.
4343 Nuit d'été.
4344 Après le bain.
4345 Fumeuse.
4346 Carnaval.
4347 Les deux fox-trot.

TISSOT (Germaine), née à Boulogne-sur-Seine. — 122, rue Lafontaine, 16e.

4348 Jeune fille italienne.
4349 Lola.
4350 Femme à sa toilette.
4351 Etude.
4352 Femme romaine.

TOGORESLLACH (Joseph de-), né à Barcelone. — 59, av. de Saxe, 7e.

***4353** Fleurs (appartient à M. Chéron.
4354 Paysage.
4355 Femme catalane.
***4356** Portrait de Joan i la Pepeta (appartient à M. Chéron.)
4357 Peinture.

TORNIER (Pierre), né à Paris. — 57, rue de Dunkerque, 9e.

4358 Sous-bois.
4359 Cadre contenant six aquarelles.
4360 Cadre contenant six aquarelles.
4361 Fruits.
4362 Fleurs.
4363 Fleurs.

TOUCHAGUES (Louis), né à Saint-Cyr-au-Mont-d'Or (Rhône). — 38, rue Laffitte, 9e, et à Saint-Cyr-au-Mont-d'Or (Rhône). —

4364 « Qu'aucun ami, enfin, ne s'inquiète si je suis mort ou vivant !... »
4365 « A chaque période de mélancolie, me faire apporter du vin tiédi... »
4366 « Hélas ! voici qu'on frappe encore à ma porte !...»
4367 Solange et Adrienne, courtisanes.
4368 Adrienne-la-Coco.
4369 Le dancing.

TOURNÈS-D'ESCOLA (Jeanne), née à Paris. — 103, r. Vaugirard, 6ᵉ.

4370 Soir de neige.
4371 Nature morte.
4372 Les pommes et les soucis.
4373 Déjeuner du matin.
4374 Le vitrail bleu (cathédrale de Rouen).
*__4375__ Portrait de M. D. (appartient à M. D...).

TOUTARD (Guillaume-Eugène), né à Paris. — Epivent par Etretat (Seine-Inférieure).

4376 Village d'Evenos (Var).
4377 Effet du soir (Var).
4378 Porte Issoles (Var).
4379 Piana (Corse).
4380 Capo Rosso (Corse).
4381 Le Niolo (Corse).

TRIBEL (Charles), né à Mulhouse. — 200, route de Versailles, à Boulogne-sur-Seine.

4382 Quai de Boulogne-sur-Seine.
4383 Vieux Fort, posages (Esp.).
4384 L'île Séguin, Meudon.
4385 Pont de Sèvres (matin).
4386 Entrée du port, Posajes (Esp.).
4387 Pont de Sèvres (soir).

TRIPELS (Fréd.), né à Aubervilliers. — 14, rue du Progrès, Asnières.

4388 Le nouveau riche.
4389 La nouvelle riche.
4390 L'Intran.
4391 Vieux loup de mer.
4392 Tigre et chèvre.
4393 La Seine à Bougival.

TROCHAIN-MÉNARD (Manuel), né à Eu Seine-Inférieure). — 15, rue Bernouilli, 8ᵉ.

4394 Parc Monceau (neige).
4395 Boulevard Ney (neige).
4396 Fête sous la neige (boulevard Ney).
4397 Parc Monceau (automne).
4398 Nature morte.
4399 Matin (île St-Denis).

TULLAT (Victor), né à Paris. — 36, rue des Frères-Herbert, à Levallois-Perret (Seine).

4400 Paravent décoratif de six panneaux de fleurs.
4401 Tableau de fleurs (vase bleu).

TURIN (André), né à Paris. — 12, rue des Pyramides, 1er.

4402 Paris (Tuileries).
4403 Paris (Tuileries).
4404 Paris (Pont-Royal).
4405 Paris.
4406 Dieppe.
4407 Amiens.

ULLMANN (Eugène-Paul), né à New-York. — 24, rue Denfert-Rochereau, 5e.

4408 Une amazone.

URBAIN (Alexandre), né à Sainte-Marie-aux-Mines. — 21, quai de Bourbon, 4e.

4409 Pont de la Trinité à marée basse.
4410 Carmen.
4411 Fleurs.
4412 Fleurs.
4413 La rivière de Crach (soir).
4414 Nu.

URBAIN (Raymond-Auguste), né à Nancy. — 50, rue du Lion-d'Or, à Malzéville près Nancy (Meurthe-et-Moselle).

4415 Matin d'octobre en forêt.
4416 Lisière de bois (effet du matin).
4417 La Meurthe aux environs de Nancy.

UTRILLO (Maurice), né à Paris. — 12, rue Cortot, 18e.

4418 Eglise Notre-Dame de Clignancourt.
***4419** Perspective (rue Ordener).
***4420** Eglise de Leynes (S.-et-L.).
4421 Eglise Ste-Geneviève et le bourg (Aveyron).

UTTER (André), né à Paris. — 12, rue Cortot, 18e.

4422 Nature morte.
4423 Nature morte.
4424 Nature morte.
4425 Nature morte.

VAL (Mme Synave), née à St-Josse-sur-Nodde (Belgique). — Villa des
Ternes, 96, avenue des Ternes, 17°.

    4426 Fruits de Bréhat.
    4427 Fleurs.
    4428 Fleurs.
    4429 Nu.
    4430 Etude.
    4431 Etude.

VALADON (Suzanne), née à Limoges. — 12, rue Cortot, 18°.

    4432 Jeux.
    4433 Adam et Eve.

VALENSI (Henry), né à Alger. — 8, rue de Maistre, 18°.

    4434 Expression sur Saint-Raphaël (Var).
    4435 Expression sur l'Estérel.
    4436 Expression sur Cannes (Alpes-Maritimes).
    4437 Expression sur Nice.
    4438 Expression sur Monaco.
    4439 Expression sur l'hydravion (Saint-Raphaël).

VALTAT (Louis), né à Dieppe. — 32, avenue de Wagram, 8°.

    4440 Frondaisons.
    4441 Pivoines.
    4442 Pivoines et cerises.

VAN MALDERE (Raoul), né à Marseille. — 10, rue Rochechouart, 9°.

    4443 Baigneuses.
    4444 Fleurs.
    4445 Arlésiennes.
    ***4446** Grand'Mère (appartient à l'auteur).
    4447 Cyprès en Provence.
    4448 Barque au bord de l'eau (Provence).

VAN RYCK (Salomé), né à Lille (Nord). — 30, rue Chaptal, 9°.

    4449 Paysage.
    4450 Paysage.
    4451 Paysage.
    4452 Paysage.
    4453 Paysage.
    4454 Paysage.

VARENNE (Gaston), né à Laroche-sur-Yon (Vendée). — 31, rue de
Turin, 8e.

4455 Le Samovar.
4456 Les pins.
4457 Les bouleaux.
4458 Eglise de Luzarches.
4459 Barques à la Chioggia.
4460 Coin de plage (étude).

VARESE (Gabriel), né à Palerme (Italie). — 12, boulevard Edgar-
Quinet, 14e.

4461 Femme au fauteuil.
4462 Portrait de Mlle X...
4463 Femme priant.
4464 Paysanne sicilienne.
4465 Paysage (vallée).
4466 Paysage (ganfardine).

VASNIER (Charles-A.), né à Caen. — 7, boul. de Clichy, 9e.

4467 La modiste (peinture sur bois).
4468 A Montmartre (peinture sur bois).
4469 La réussite (peinture).
4470 Au soleil (peinture).
4471 Tête de jeune fille blonde (peinture sur bois).
4472 Jeune fille au bandeau (peinture).

VASSEROT (Pierre-François), né à Poissy (S.-et-O.). — 11, rue
Boissonade, 14e.

4473 Chemin creux.
4474 Etude de nu (dessin).

VASSILIEFF (Marie), née à Smolensk (Russie). — 21, avenue du
Maine, 14e.

4475 Composition.
4476 L'enfant avec la poupée.
4477 L'enfant et l'impression.
4478 L'enfant blanc.
4479 L'enfant rouge.
4480 Composition (poupées).

VASSOUT (Raymond), né au Havre (Seine-Inf.). — 6, rue Berthe.

4481 Bois aux environs de Paris.
4482 Deux sœurs.
4483 Nature morte au fond noir.
4484 Paysage.
4485 Le Point-Neuf (tombée de la nuit).
4486 Mimosas.

VAURY (Mad.), née à la Varenne-Ste-Hilaire. — 7, rue Dutot, 15°.

4487 Jeune femme cousant (peinture).
*4488 Roses (peinture) appartient à l'auteur.
4489 Enfants jouant (bois).
4490 Paysage (bois).
4491 Bureau (bois).

VAURY-CAILLE (André), né à Crisenoy (S.-et-M.). — 95, rue de Vaugirard, 6°.

4492 Fontaine de Médicis.
4493 Femme couchée.
4494 Femme couchée (avec un livre).
4495 Saint-Cloud.
4496 Capucines.
4497 Petit bassin à Versailles.

VEDER (Eugène), né à St-Germain-en-Laye (S.-et-O.). — 47, rue Vercingétorix, 14°.

4498 Dimanche matin (rue St-Médard, 13°).
4499 Notre-Dame (pluie).
4500 Marché du dimanche (rue Saint-Médard).
4501 Marché (rue Clignancourt).
4502 Rue Mouffetard.
4503 Paris inondé.

VEILLET (Alfred), né à Ezy (Eure). — Rolleboise, par Bonnières-sur-Seine (Seine-et-Oise).

4504 Rolleboise (les coteaux).
4505 La Seine (paysage).
4506 Bécordel (Somme).
4507 Ville-sur-Tourbe (Champagne).
4508 Rosny (paysage).
4509 Paysage.

VEIL (Maurice), né à Paris. — 66, rue de Saintonge, 3e.

4510 Villefranche (A.-M.).
4511 Chemin dans les garrigues.
*4512 Portrait de M. Emile V...
4513 Les oliviers à Villefranche.
*4514 Marine à Villefranche.
*4515 Pins d'Alep (Provence).

VENTRILLON (Ernest), né à Nancy. — 60, rue de Turenne, 3e.

4516 Roses blanches.
4517 Fleurs.

VERDOU (Georges-Louis-Marcel), né à Cabrerets (Lot). — 5, rue de l'Echauderie, Reims (Marne).

4518 Intérieur de la cathédrale de Reims en 1913 (peinture à l'huile).
4419 Le bois d'amour à Reims (peinture à l'huile).
4520 L'Abbaye de la Couronne en été, près Angoulême (aquarelle).
4521 Un bras de la Charente à Jarnac, matin d'hiver (aquarelle).
4522 La maison natale de Jeanne-d'Arc, hiver (crayon de couleur).
4523 Etude d'après Frantz Hals (Sépia).

VERECQUE (Georges-Amédée), né à Montauban. — 76, rue de Rennes, 6e.

4524 Paysage d'automne.
4525 Faubourg de Verdun avant-guerre.
4526 Sur les bords de l'Yerres (S.-et-O.).
4527 Coin du Luxembourg.
4528 Paysage, Verdun avant-guerre.
4529 Bois de Chaville (S.-et-O.).

VERGER (André), né à Paris. — 128, boul. de Courcelles, 17e.

4530 Paysage.
4531 Paysage.
4532 Paysage.
4533 Paysage.
4534 Paysage.

VIBERT (Gaston), né à Paris. — 28, rue de Sévigné, Sucy-en-Brie (Seine-et-Oise).

4535 L'homme de barre.
4536 Incertitude.
4537 Moyen-Age.
4538 Fleur des blés.
4539 Le cri-cri.
4540 Bérénice.

VILLARD (Antoine), né à Mâcon. — 19, boulevard Victor, 15e.

4541 Paysage du Mâconnais.
4542 Nature morte.

VILLARD (Robert), né à Paris. — 19, boulevard Victor, 15e.

4543 Port de Nantes.
4544 La Cathédrale de Nantes.
4545 Nature morte.
4546 Nature morte.
4547 Portrait.
4548 La fenêtre sur le jardin.

VILLAUME (Charles-Claude), né à Paris. — 27, quai de la Tournelle, 5e.

4549 L'histoire du vieux Poilu dans une église bombardée.
4550 Un vieux musicien du Morvan.

VILLERS (Gaston de), né à Bruxelles. — 81, av. de Malakoff, 16e.

4551 La vigilance.

VILLON (Jacques), né à Damville (Eure). — 7, rue Lemaître, Puteaux (Seine).

4552 Peinture.
4553 Peinture.
4554 Peinture.
4555 Peinture.
4556 Peinture.
4557 Peinture.

VIRAC (Raymond), né à Madrid (Espagne). — 61, rue Bonaparte, 6e.

4558 Le nuage.
4559 Vallée de la Loire en automne.
4560 Fleurs.
4561 Les champs sur la montagne.
4562 La Finotte (dessin).
4563 Laurence (dessin).

VISCONT (Henri), né à Bucarest. — 4, rue de Liège, 9e

4564 Sem.
4565 James Shaw.
4566 Princesse Rosnovano.
4567 Max Dearly.
4568 Pomponnett.
4569 Mistinguett.

VIVREL (André), né à Paris. — 65, rue Caulaincourt, 18e.

4570 La potiche bleue (ovale).
4571 Le vase mauve (ovale).
4572 Les chrysanthèmes.
4573 Le grès vert.
4574 Bretonne au seau bleu.
4575 Une bretonne.

VLAMINCK (Maurice), né à Paris. — Hameau de la Nazé, Valmon-
dois (Seine-et-Oise).

4576 La rentrée au Port.
4577 La pêche au chevesne.
*__4578__ Le chemin de la défense.
4579 Avant l'orage.
4580 L'Oise près d'Auvers.

VOCHELLE (Ninette), née à Gravelines (Nord). — 16, rue Soufflot.

4581 Course dans le vent.
4582 Plage de Bernières.
4583 L'heure du bain.
4584 Un coin du Luxembourg.
4585 Intérieur.
4586 Impression.

VOGELWEITH (Adolphe), né à Guebwiller (Alsace). — 11, boulevard de Clichy, 9e.

4587 L'église paroissiale.
4588 Coin de village breton.
4589 Nature morte, vase vert.
4590 Nature morte, pot d'étain.
4591 Dolmen.
4592 Le voilier.

VOILAND (Léon), né à Bains (Vosges). — 36, rue Hallé, 14e.

4593 Nature morte.
4594 Paysage (Dordogne).
4595 Paysage, effet de brouillard.
4596 Roses à contre-jour sur un balcon.
4597 Chrysanthèmes.
4598 Femme mettant ses bas (pastel).

VUITTON (Gaston-Louis), né à Asnières-sur-Seine. — 15, rue de la Comète, Asnières-sur-Seine.

4599 La Marne à Lagny-le-Clou, matin de printemps.
4600 La Marne à Lagny-le-Clou, matin d'été.
4601 La Marne à Lagny-le-Clou, soir d'hiver.

WAELE (René de), né à Gand (Belgique). — 67, rue Caulaincourt.

4602 Barques au soleil.
4603 Route d'Étretat.
4604 Entrée du parc.
4605 Rue de la Barre.
4606 Petit val.
4607 Meule.

WAGNER (Henri-Konrad), né à Lieurey (Eure). — 220, avenue du Maine, 14e.

4608 Deux dessins (enfants).
4609 Deux dessins (enfants).
4610 Un dessin : debout les morts.
4611 Deux dessins : jours de gloire.
4612 Un dessin : labeur.
4613 Un dessin : dame Justice.

WAGUET (Lewis), né à Ghemps. — 1, rue Cervantès, 15°

4614 Ruines de l'église d'Ablain-St-Nazaire (P.-de-C.).
4615 Ablain-St-Nazaire et la côte de N.-D.-de-Lorette.
4616 La rue du Bois, à Aix-Noulette (P.-de-C.).
4617 Le canal à Lens, après le bombardement.
4618 Près de Souchez en 1914.

WAROQUIER (Henry de), né à Paris. — 7, place du Panthéon, 5°

4619 Paysage avec deux palmiers (Corse 1914) (peinture à l'huile).
4620 L'église de Carjèse (Corse 1914) (peinture à l'huile).
4621 Tour à Villeneuve-les-Avignon (1917) (peinture à l'huile).
4622 Vue sur le village de Varenna (1912) (aquarelle).
4623 Croquis de Venise (II) (1913), aquarelle.
4624 Croquis de Venise (III) (1913), aquarelle.

WEIL (André), né à Paris. — 1, rue d'Argenson, 8°

4625 Jeune fille.
4626 Rêverie.
4627 Le lac du Bourget.
4628 14 Juillet 1919.
4629 Intérieur.
4630 Nature morte.

WEINBAUM (Albert), né en Russie. — 27, rue des Martyrs, 9°

***4631** Variation de couleurs.
4632 Fleurs.
4633 Nature morte.
***4634** La danse.
***4635** Paysage.
4636 Autoportrait.

WILHEMS (James), né au Mans. — 2, rue de Marseille, 10°

4637 Le port de Cassis (Provence).
4638 Étang de Berre, temps calme.
4639 Barques de pêche, rade de Toulon.
4640 Entrée du Grand Canal, à Venise.
4641 Le palais Ducal et le bassin Saint-Marc, à Venise.

WIRTH (Henri-Prosper), né à Paris. — 42 et 44, rue de Labarre à Deuil (Seine-et-Oise).

4642 Plage des Callots, à Saint-Cast (Bretagne).
4643 Après la tempête, à Ningles (P.-de-C.).
4644 Village des Rochers, à Primel (Finistère).
4645 Moulin de Ker-Arun, au Dibben (Finistère).
4646 Coin de ferme, à Primel (Finistère).
4647 La falaise, à Ningles (P.-de-C.).

WISHAAR (E.-N.), né aux États-Unis. — 49, boul. du Montparnasse.

***4648** Portrait de M. K. Zieleniewski.
4649 Au soir (paysage).

YSERN Y ALIÉ (P.), né à Barcelone. — 130 ter, boul. de Clichy, 18e.

***4654** Portrait de M. J. N...
4655 Au Bois de Boulogne.
4656 Les Rouilleries à la nuit.
4657 Dancing.
4658 Quadrille à Tabarin.
4659 Danseuse couchée.

ZADKINE (Osip), né à Smolensk (Russie). — 35, rue Rousselet, 7e.

4660 Vénus (bois).
4661 Hermaphrodite (plâtre).
4662 Femme et enfant (marbre).
4663 Maternité (bois).
4664 Jeune fille au luth (pierre).
4665 Femme (pierre).

ZANON (Carlo), né à Schio (Italie). — 70 bis, rue N.-D.-des-Champs.

4666 Soir en Bretagne.
4667 Rochers dans la brume.
4668 Rochers le soir.

ZAWADOWSKI (Waclaw), né à Cracovie. — Chez M. Kisling, 3, rue Joseph-Bara, 6e.

4669 Deux femmes.
4670 Trois femmes.
4671 Trois femmes.

ZELGER (Gaston), né à Cognac (Charente). — 48, rue des Écoles, 5°.

***4672** Jeunesse, appartient à Mlle Simone B...
***4673** Buste, appartient à Mme Geneviève D...

ZINET (André), né à Lausanne (Suisse). — 2, rue Lamarck, 18°.

4674 Pot bleu et dahlia (nature morte).
4675 Dahlia et pot blanc (nature morte).
4676 Pommes et roses (nature morte).
4677 Les œufs durs (nature morte).

ZINGG (Jules), né à Montbéliard (Doubs). — 3, villa Brune, 14°.

4678 Bûcherons.
4679 Paysans.
4680 Neige.
4681 L'étude.
4682 L'étude.
4683 Paysage des Vosges.

ZIELENIEWSKI (Casimir), né à Tomsk (Sibérie). — 26, rue Nansouty, atelier 13.

4684 Mon père.
4685 Projet de rideau théâtral.
4686 Japonaise (Tokio).
4687 Femme assise.
4688 Lac de Zurich.
4689 Violoniste (Tokio).

ZOANTAL (Antoinette), née à Paris. — Chez M. Beau, 8, rue Nouvelle, 9°.

4690 La sieste.
4691 Étude de nu.
4692 Le bassin de Saturne, à Versailles.
4693 Carmencita.
4694 Le moulin, Petit-Trianon.

Supplément

ARCHIPENKO (Alexandre), né à Kiew. — 77, rue Denfert-Rochereau, 14ᵉ.

    4695 La Femme à la toilette (sculpto-peinture).
    4696 Baigneuse (sculpto-peinture).
    4697 Deux femmes (sculpto-peinture).

BARDOU-JOB (Pierre), né à Perpignan. — Ateliers Sant-Marti, Prades (Pyrénées-Orientales).

    4698 Vitrine contenant des poteries :

        a) Pot boule en faïence, décorée, sur fond blanc.
        b) Vase étrusque en faïence décorée sur fond bleu.
        c) Petit pot à crème en faïence, lignes vertes sur fond noir.
        d) Petit pat à crème en faïence arabesques jaunes sur fond noir.
        e) Petite verseuse en faïence, décorée de deux chevaux.
        f) Petite verseuse en faïence, décor sur jaune et blanc.

BARRIÈRE (Georges), né à Chablis (Yonne). — 62, rue Rébeval, 19ᵉ.

    4699 Le sentier.
    4700 La vallée (hiver).
    4701 Le hameau dans la neige.
    4702 Effet de soleil.
    4703 Temps de pluie.
    4704 Paysage (aquarelle).

BONHOTAL (Paul-Emile), né à Montpont (Saône-et-Loire). — 11, rue Klock, Clichy (Seine).

> **4705** Lac de Longchamp.
> **4706** Bain matinal.
> **4707** Cancale, **La Broustière**.
> **4708** Vallon de Grandes-Dalles (Seine-Inférieure).
> **4709** La falaise et la jetée de Grandes-Dalles.
> **4710** La pointe du Groin, Cancale.

BRON (Achille), né à Crazaunes. — Taillebourg (Charente-Inf.).

> **4711** Maisons au bord de l'eau.
> **4712** Pins au bord de la mer.
> **4713** Vieille rue.
> **4714** Matin calme.

CHALLULAU (Marcel-Henri-Emile), né à Montpellier. — 8, rue Gramme, 15e.

> **4715** Les pins (Champagne Pouilleuse).
> **4716** Le vieux tilleul (Champagne Pouilleuse).
> **4717** Les chênes (Charente).
> **4718** Les peupliers (Charente).
> **4719** Vue panoramique à Saint-Cloud.
> **4720** La nuit arrivant dans le parc de Saint-Cloud.

EDELMANN (Charles-Auguste), né à Soultz-sous-Forêts (Bas-Rhin). — 18, rue des Plantes, 14e.

> **4721** Nature morte.
> **4722** Nature morte.
> **4723** Panneau décoratif.
> **4724** Esquisse de décoration.
> **4725** La source, esquisse.
> **4726** Nature morte.

FORTAIS (Jean), né à Angers. — 13, boul. Haussmann, 9e.

> **4727** La lande à Sainte-Marguerite.
> **4728** Trétoul.
> **4729** Luz-Saint-Sauveur, soir.
> **4730** Marée basse, à Douarnenez.

FRANQUINET (Marguerite), née à Huy, province de Liège (Belgique).
— 6, place Charles-Fillion, 17*.

    4731 Douleur.
    4732 Rêverie.
    4733 Sourire.
    4734 Chaumes.
    4735 • Volonté.
    4736 Inspiration.

GILOT (Charles), né à Paris. — 5, avenue Baudoin Asnières (Seine).

    ***4737** Portrait, appartient à l'auteur.
    ***4738** Fleurs, appartient à Mlle J. S...
    ***4739** Un coin de St-James (Manche), app. à Mme M. C...
    ***4740** St-Benoit-sur-Manche, appartient à M. P. F...
    ***4741** Sous bois, appartient à Mlle F. B...
    ***4742** Nature morte, appartient à l'auteur.

GRENTHE (Geneviève), née à Pontoise (S.-et-O.). — 9, rue du Cherche-Midi, 6e.

    4743 Bégonias.
    4744 Piments et fruits.
    4745 Roses.
    4746 Chrysanthèmes et pommes.
    4747 Chrysanthèmes.
    4748 Œillets roses.

GUÉRIN (Charles), né à Sens (Yonne). — 1, rue Leclerc, 14e.

    4749 La coiffure.

GUERRAPIN (Rosa), née à Paris. — 76, rue de Rennes, 6e.

    4750 Robe.
    4751 Robe.

HANRIOT (Eugène), né à Montreuil-sous-Bois (Seine). — 10, rue
Saigné à Montreuil-sous-Bois.

    4752 Sous bois, forêt de Vincennes.
    4753 Sous bois, forêt de Vincennes.
    4754 Le vieux port de Marseille (dessin).
    4754 *bis* Portrait de Tristan Le Roux, reporter.

HEBERT (Charles), né à Genève (Suisse). — 20, rue B.-de-Don, Sanary (Var).

4755 Mer à Laudévennec.
4756 L'église de Laudévennec.
4757 En Bretagne.
4758 Maisons à Laudévennec.
4759 Chaumière bretonne.

HERNANDEZ-GIRO (Juan-Emilio), né à Santiago de Cuba. — 32, rue Lafontaine, 16e.

***4760** Portrait de Mme et Mlle H... (aquarelle pure), appartient à Mme H...
4761 Académie de femme (aquarelle pure).
4762 Manguier mâle, Cuba (aquarelle pure).
4763 Bohios (chaumes), Cuba (aquarelle pure).
4764 Corojos, Cuba (aquarelle pure).
4765 Paysage à San-Vicente, Cuba (aquarelle pure).

HESSE (Mme Alice), née à Paris. — 5, rue Saint-Louis, Villemomble (Seine).

4766 Bouquet de zinnias.
4767 Bouquet rouge et jaune.
4768 Printemps.
4769 Été.
4770 Les oranges.

HOFMANN (Wlastimil), né à Karbin (Pologne). — 51, rue du Moulin-Vert, 14e.

4771 Ziemowit, Esprit-Roi, poème J. Slowacki.
4772 Artiste et sa muse tryptique.
4773 Nostalgie d'Anhelli.
4774 Réveil de la Pologne.

HAARDT (Marcel), né à Naples. — 15, rue George-Sand 16e.

4775 La Meuse à Liège.
4776 La Meuse à Jemmapes.
4777 Un moulin dans les Flandres.
4778 Environs de Gravelines.
4779 Une allée du Bois-de-Boulogne.
4780 La Seine au pont de Grenelle.

JACQUES (Jules), né à Varennes en Argonne (Me...). — 76, rue de Rennes, 6ᵉ.

    4781 Robe.
    4782 Robe.
    4783 Cape.

JOUCLARD (Adrienne), née à Onville (Meurthe-et-Moselle). — 2, rue du Gouvernement, Versailles.

    4784 Les sycomores.
    4785 Les chrysanthèmes.
    4786 Les géraniums.
    4787 Trianon.
    4788 Les sapins.
    4789 Les bûcherons (croquis).

JOURDAIN (Ernest), né à Epernay (Marne). — avenue Carnot, Gretz (Seine-et-Marne).

    4790 Vieux moulin champenois.
    4791 Nivôse, plaine briarde.
    4792 Rivière des Tarnauds (Champagne).
    4793 Vieux moulin après l'ondée.
    4794 Lever de lune dans la Brie.

KROHG (Per), né à Christiania (Norvège). — 3, rue Joseph-Bara, 6ᵉ.

    4795 L'escalier de la cave.
    4796 La femme dans le fauteuil.
    4797 L'homme au cigare.

LEONARD (Maurice), né à Paris. — 10, rue du Jourdain, Paris.

    4798 Quarantaine dans vase d'étain.
    4799 Paysage d'Auvergne.
    4800 Paysage d'Auvergne.
    4801 Etude de roses.
    4802 Le pont Marie.
    4803 Mon jardin.

MENDES-FRANCE (René), né à Paris. — 48, rue Magenta, Asnières (Seine).

    4804 Christ au lierre, à Veules-les-Roses.
    4805 Puits d'ardoises inondé, à Trélazé.
    4806 Portrait du cuirassier V...
    4807 Falaises ensoleillées, à Veules-les-Roses.

MARIE-PAULE (Mlle), née à Paris. — 14, rue de l'Abbaye, 6e.

4808 Le goûter.
4809 L'été.
4810 Intérieur.
4811 La ferme.
4812 La chambre jaune.
4813 L'alcôve.

RAGONNEAUX (Frédéric), né à Bordeaux. — 14, cité Falguière, 15e.

4814 L'arbre isolé.
4815 La cote 108, à Berry-au-Bac.
4816 Saint-Cloud (hiver).
4817 Femme à sa toilette.
4818 Couture.
*4819 Portrait.

SEYSSAUD (René), né à Marseille. — Saint-Chamas (B.-du-R.).

4820 La ferme au bord de l'Aigues.
4821 Le village en été.
4822 Les amandiers du Sère.
4823 Les chênes de Peyrouse.
4824 Le rocher en surplomb.
4825 Les rochers de la Touloubre.

SYROVY (Joza), né en Bohème. — 37, rue Lamarck, 18e.

4826 Le vieux parc.
4827 Les cygnes.
4828 L'arbre en fleurs.
4829 Le crépuscule sur l'Elbe.
4830 Notre-Dame de Paris.
4831 Les meules.

TABOURET (Eugène), né à Paris. — 33 bis, rue Lamarck, 18e.

4832 Paravent 4 feuilles, laque rouge (paysage).
4833 Cabinet chinois, laque rouge (scènes guerrières).
4834 Table à thé, laque noire (Susanowo no Nethoto tue
   le Dragon qui voulait dévorer Kushi-Inada-Hime).

THEVIN (A.), né à Saintines (Oise). — 48, avenue Gabriel, 8e.

*4835 Bicoques.
4836 Marine.
4837 Paysage.

THOREL (Pierre), né à Bordeaux. — Villa Le Monastère, Barbizon (Seine-et-Marne).

    4838 Bégonias doubles.
    4839 Fleurs d'automne.
    4840 Douce remontrance.
    4841 Heureux âge.
    4842 Jeune fille à la rose.

WALLER (Edward), né à Stockholm (Suède). — 77, rue Denfert-Rochereau, 14e.

    ***4843** Buste du peintre F. Léger.
    ***4844** Buste du peintre Diriks.
    ***4845** Buste du peintre Per Krohg.
    ***4846** Buste de Mme Prozor Halvorsen.
    ***4847** Buste de vieille normande.
    ***4848** Buste d'enfant.

ZOPFF (Mme Mathilde), née à Strasbourg (Bas-Rhin). — 4 bis, rue Michel-Chasles, 12e.

    4849 Vase rouge et livres.
    ***4850** Roses rouges, appartient à l'auteur.
    4851 Sur ma commode.
    ***4852** Village valaisan, appartient à M. P. M.
    ***4853** Dans les Hautes-Alpes, appartient à l'auteur.
    4854 Forêt de Fontainebleau.

BUTLER père (Théodore Earl), né aux Etats-Unis. — Giverny (Eure).

    ***4855** Fête de l'Armistice à New-York.

BUTLER fils (J.-J.-P.), Américain, né à Giverny. — Giverny (Eure).

    ***4857** Souvenir d'Amérique.
    ***4858** Giverny (Eure).

ARNAUD (Moïse), né à Valence (Drôme). — 6, rue de Livry, Montfermeil (Seine-et-Oise).

    4859 Les Alpes (Drôme) (aquarelle).
    4860 Montfermeil-le-Château (aquarelle).
    4861 Montfermeil (aquarelle).
    4862 Valence (Drôme) (aquarelle).
    4863 Guilherand (Ardèche) (aquarelle).
    4864 Saint-Piray (Ardèche) (aquarelle).

ASTIÉ (Hector), né à New-York. — 70, rue Henri-Litolff, à Colombes (Seine).

    4865 Statue d'homme « La Marne ».
***4866** Buste de Mme A... (appartient à Mme A...)
    4867 Le Dante, tête.

EUCHER (Edwin), né à Lucerne. — 9, avenue Potin, Sèvres (S.-et-O.)

    4868 Groupe de chiens (marbre).
    4869 Vitrine contenant :

        Têtes de canards (plâtres).
        Jeune taureau (plâtre).
        Chien, fragment (plâtre).
        Tête de jeune chatte (plâtre).
        Tête de lapereau (plâtre).

CROTTI (Jean), né à Bulle, canton de Fribourg (Suisse). — 44, rue des Mathurins, 9e.

    4870 Verre.
    4871 Peinture.
    4872 Peinture.

DEPLANTE (Mme Berthe), née à Paris. — 41, rue de Neuilly, Clichy (Seine).

    4873 Moine prêchant (sculpture, terre cuite).
    4874 Buste de jeune garçon (sculpture, terre cuite).
    4875 Toreador (sculpture, terre cuite).
    4876 Enfant à la pêche.
    4877 Jeune lorraine (pastel).
    4878 Étude (dessin).

DESTREUX (Mme A. Violette), née à Paris. — 75 ter, av. Wagram.

    4879 Pivoines blanches.
    4880 Fleurs et fruits.
    4881 Pommes.
    4882 Citrons sur plat persan.
    4883 Anémones et pommes.
    4884 Citrons et tulipes.

DILIGEON (Emile), né à Rouen. — 23 bis, avenue Niel, 17e.

4885 Portrait.
4886 Paysage.
4887 Paysage.
4888 Paysage.
4889 Paysage.
4890 Paysage.

DUCHAMP (Mme Suzanne), née à Blainville (Seine-Inf.). — 22, rue
La Condamine, 17e.

4891 Multiplication brisée et rétablie.
4892 Un et une menacés.
4893 Portrait (aquarelle).

GYS, né à Paris. — 18, rue Pasteur, Asnières (Seine)

4894 Nu.
4895 Paysage.
4896 Paysage.
4897 Nature morte.
4898 Nature morte.
4899 Nature morte.

LACHAT (Louis-François), né à Paris. — 21, quai de Bourbon, 4e

4900 L'étang de Bréchaumont (Alsace).
4901 La chapelle Sainte-Claire (Vosges).
4902 Le col de la Leisse (Savoie).
4903 Le château d'Yssertieux (Berry).
4904 Le port Saint-Bernard.
4905 Villeneuve-les-Avignon.

MALANÇON (Henri), né à Paris. — 5, rue Pierre-Haret, 9e

4906 L'arbre en fleurs.
4907 Au jardin.
4908 Genêts en fleurs.
4909 La colline.
4910 Nature morte.

POZNANSKI (Victor-Yanasa), né en Pologne. — 8, av. Jules-Janin.

4911 Catherine (étude).
4912 Nature morte (vert et noir).
4913 Nature morte.
4914 Joujoux en verre.

BERTAUX (René), mort au Champ d'Honneur, né à Paris. — Mme veuve Bertaux, 2, rue Jules-Chaplain, 6e.

4915 Dunes.

SARFATI (Albert), né à Sétif (Algérie). — 11, rue Faustin-Hélie, 16^e

4916 Au concert.
4917 Aïcha.
*__4918__ Les eucalyptus.
4919 La barque blanche.
4920 La lampe rouge.

VANTEYNE (Tony), né à Naaldwyk (Hollande). — 140, rue La-marck, 18e.

4921 Monte-Carlo.
4922 La montagne près Roquebrune.
4923 Cap de Vieille près Monte-Carlo.
4924 Vue prise à Monte-Carlo.
4925 Plage de la Méditerranée (temps gris).
4926 Le vieil olivier.

JACQUET (Eugène), né à Chimay. — 1, avenue de la République.

4927 Les poupées.
4928 Les poupées.
4929 Lilas.
4930 Fruits.
4931 Fruits.
4932 Pont de Sully, à Paris.

GUILLAUME (Georges), né à Paris. — 37, boul. de la Liberté, Le Perreux (Seine).

4933 La neige en Vendée.
4934 Pardon, à Sainte-Anne-de-la-Palud.
4935 Marché breton.
4936 Sur le quai, à Douarnenez.
4937 Barques.
4938 Pêcheurs à Tréboul.

ABBAL (André), né à Montech (Tarn-et-Garonne). — 6, villa Brune.

4939 Fillette et enfant, sculpture peinte (taille directe).
4940 Tête de poète, sculpture peinte (taille directe).
4941 Ingres, terre cuite, d'après une taille directe.
4942 Buste d'homme en pierre (taille directe).
4943 Buste d'homme en pierre (taille directe)
4944 Jaurès, buste en pierre (taille directe).

BARBA (Mᵐᵉ Marie), née à Marseille. — 86, rue Cardinet, 17ᵉ.

4945 Négresse (crayon rehaussé).
4946 Méditation.
4947 Sourire.
4948 Danseuse.
4949 Les destinées.
4950 Le jour de l'An.

BUNOUST (Madeleine). — 139, boulevard Malesherbes, 9ᵉ.

4951 Dessin.
4952 Dessin.
4953 Peinture.
4954 Peinture.
4955 Peinture.
4956 Peinture.

CARNIEL (Richard), engagé volontaire mort au Champ d'Honneur, né à Trieste. — Mᵐᵉ veuve Carniel, 85, rue Daguerre, 14ᵉ.

***4957** Portrait de l'artiste.
4958 Nu.
4959 Femme aux oranges.
4960 Son grand loup chéri (dessin humoristique).
4961 Portrait de fillette.
4962 Femme aux mandarines.

CORNILLEAU (Raymond), né à Paris. — 1, rue Vercingétorix, 14ᵉ.

4963 Aquarelle.
4964 Aquarelle.
4965 Aquarelle.
4966 Aquarelle.
4967 Aquarelle.
4968 Aquarelle.

DELUOCHI (Pierre), né à Buenos-Ayres. — 19, rue du Moulin-de-Beurre, 14°.

4969 Paysage (jour gris, Cavalaire).
4970 Cote méditerranéenne, Cavalaire.
4971 Plein soleil, Cavalaire.
4972 Vieux port, Saint-Tropez.
4973 Etude de tête.
4974 La Seine à Paris.

FRIANT (Janine S.), née à Paris. — 233, Fbg St-Honoré, 8°.

4975 Breton.
4976 Tête de femme.

GALEANI (Jean), né à Montpellier. — 74, rue de Turenne, 3°.

4977 La victoire.
4978 Les mauvais bergers.
4979 Les hommes du jour.
4980 L'autorité.
4981 Le rêve.
4982 La grande lessive.

GARFUNKEL (Marthe), née à Fontainebleau. — 2, place Jemmapes, Douai (Nord).

4983 La vieille à la mosaïque (pastel).
4984 Portrait.
4985 L'abat-jour vert.
4986 Farniente (croquis au lavis).
4987 La vieille Thérèse (pastel).
***4988** Portrait de S. G... (pastel), appartient à Mlle G...

PHELAN (Gibb), né en Angleterre. — 125, boul. du Montparnasse, 14°.

4989 Décoration.
4990 Décoration.
4991 Etude.
4992 Etude.
4993 Etude.
4994 Etude.

RICKEL (Jachmine), née à Witebsa (Russie). — 61, rue Condorcet, 9°.

*4995 Paysage, Vauréal (S.-et-O.), appartient à M. Z...
*4996 Paysage, Vauréal (S.-et-O.) appartient à M. D...
4997 Paysage, Thomery.
*4998 Paysage, Thomery, appartient à M. D...
4999 Paysage, Cannet.
*5000 Nature morte, appartient à M. X...

LANDRE (Mᶩᶩᵉ Louise), née à Paris. — 233, Fbg Saint-Honoré, 8°.

5001 Près du feu (nu).
5002 Jeune fille aux roses.
5003 Fantaisie (une tête).
5004 En entendant la sirène (nu).

MERCOYROL (Alfred), né à Constantine. — 50, rue St-Lazare, 9°.

*5005
5006
5007
5008

MORSE-RUMMEL (Frank). — 6, rue Nicolo, 16°.

*5009 Portrait d'artiste, appartient à M. M. R...
5010 Pêcheurs d'Arcachon.
5011 Femme basque.
5012 Pêcheur.
5013 Tête d'homme.
5014 Roquebrune (Alpes-Maritimes).

OUILLON-CARRÈRE, né à Paris. — 11, rue des Sablons, 16°.

5015 La danseuse Maggée (statuette cire vierge).
5016 Sapins sur les dunes, à Pornichet.
5017 La femme et le pantin (dess. rehaussé à l'aquarelle).
5018 Les masques indiscrets (dess. rehaussé à l'aquarelle).
5019 La fumée de cigarette (dess. rehaussé à l'aquarelle).
5020 Fumée d'encens (dessin rehaussé à l'aquarelle).

SINET (André). — 233, Fbg Saint-Honoré, 8°.

5021 Jeune femme.
5022 Nature morte millénaire.
5023 Fructidor.
5024 Bords de lac.
5025 La violoniste.
5026 Montagnes chablaisiennes.

STAHLI (Marcel), né à Paris. — 8, rue Frédéric-Lemaitre, 20e.

5027 Paysage, Strasbourg (gravure sur bois).
5028 Paysage, Strasbourg (gravure sur bois).
5029 Paysage, Strasbourg (gravure sur bois).
5030 Paysage, Strasbourg (gravure sur bois).
5031 Portrait de l'artiste (gravure sur bois).
*5032 Une vitrine, porcelaine et verreries.

THAON D'ARNOLDI (Mme), née à Nice. — Château de Lauzenettes, Thonon-les-Bains (Haute-Savoie).

5033 Portrait d'homme.
5034 Portrait d'enfant.
5035 Héliotropes.
5036 Capucines.
5037 Les trois geais.

VILA (Emilio), né à Llagostera (Espagne).

5038 Portrait du peintre Germy.
5039 Reverie.
*5040 Troublant poème (fresque sur bois).
5041 Pensive (fresque sur bois).
*5042 Mimile (aquarelle).

COUDERC (Georges), né à Paris. — 39, boul. St-Jacques, 14e.

5043 Intérieur d'église, à Dreux.
5044 Effet de lune dans un parc.
5045 Fruits du midi.
5046 Pastèques et piments.
5047 Le melon.
5048 Pêches.

VERGNE (Mlle Berthe), née à Dijon. — 13, rue Girardon, 18e.

5049 Vitrine soies Batikkées.

ALLOUL. — 58, rue du Montet, Nancy.

5050 Cathédrale de Reims.
5051 Grand-Couronne (moisson).
5052 Place Stanislas.
5053 Vue de Nancy.
5054 Porte de la Crâffe.
5055 Côte d'Azur.

ERUNE (Pierre), né à Paris. — 70, rue Dutot, 15e.

5056 Nature morte (l'assiette de raisins).
5057 Nature morte (le kilog de sucre).
5058 Nature morte (fumeurs).
5059 Paysage de Céret.
5060 Paysage de Céret.
5060 *bis* Paysage de Céret.

CAZOT (Paul), né à Avignon. — 11, rue des Beaux-Arts, 6e.

5061 Combat de taureaux.
5062 Pont Saint-Benezet.
5063 Plage de Fos-sur-Mer.
5064 Vue de Bourg-la-Reine (route de l'Hay).
5065 Bohémiens en Provence.
5066 La Seine à Billancourt.

DEGALLAIX (Louis), né à Saint-Quentin. — 3, quai Voltaire.

5067 Fleurs.
5068 Fleurs.
5069 Fleurs.
5070 Fleurs.

GARNOT (André), né à Paris. — 23, boulevard Gouvion-Saint-Cyr.

5071 Lande celtique.
5072 Paysage d'Italie.
5073 Les chasseurs.

GUENOT (Auguste), né à Toulouse. — 18, rue des Plantes, 14e.

5074 Buste du général Vidal (bronze).
5075 La prière (buste bois).
5076 David (tête pierre directe).
5077 Faunesse (tête marbre direct).
5078 Chanteuse (tête bronze cire perdue).
5079 Statuette plâtre.

HARRISON (Mlle Mabel). — 49, boulevard du Montparnasse, 14e.

5080 Intérieur.
5081 Fleurs et fruits.
5082 La toilette.
5083 La modiste.
5084 Matelassières.

HENRICH (Gaston), né à Paris. — 38 bis, rue Lamarck, 18e.

5085 Les fruits exotiques (panneaux décoratifs).
5086 Buste (terre cuite).

KEMP (Jeka). — 49, boulevard du Montparnasse, 14e.

5087 Portrait.
5088 Nature morte.
5089 Nature morte.
5090 Sur ma terrasse.

LA MONACA (François), né à Catanzaro (Italie). — 17, avenue Trudaine, 9e.

5091 Enfant à la poupée.
5092 Toilette.
5093 Pont de Saint-Cloud.
5094 Douceur.
5095 Coucher de soleil à Deauville.
5096 Paysage (Villeneuve-St-Georges).

POINT (Maurice-Raphaël), né à Saint-Quentin. — 90, boul. Raspail.

***5097** Portrait du capitaine C... (pastel).
***5098** Femme de l'artiste (pastel).
5099 En pensant à Chardin (pastel).
5100 Étude de femme.
***5101** Tête de jeune fille (pastel).
***5102** Croquis.

ROUSSEL (Félix), né à Paris. — 164, Grande-Rue, à Champigny (Seine).

5103 Paysage au ruisseau.
5104 La locomotive.
5105 Le faucheur.
5106 Les ruines.
5107 La vallée de Saint-Maur.
5108 La maison aux arbres.

WULFART (Max), né à Riga. — 235, fbg St-Honoré et 11, avenue du Roule, à Neuilly-sur-Seine.

5109 Femme dans la nuit.
5110 Départ de pêcheurs à Cancale.
5111 Femmes de pêcheurs.
5112 Port de Cancale.
5113 Pêcheuses d'huîtres.
5114 Rue de village.

BUISSON (Paul), Roi des Camelots, né à Périgueux (Dordogne). — 4, rue Hégésippe-Moreau, 18ᵉ.

5115 Dessins spirites médiummiques.
5116 Buste de Jaurès.

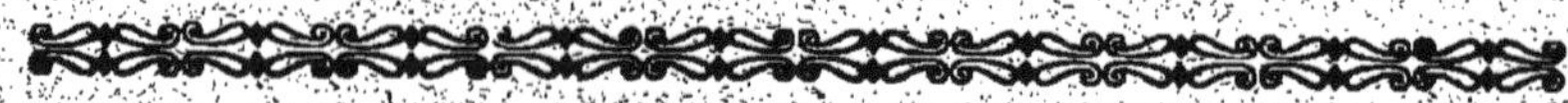

BERNHEIM-JEUNE & Cie

ÉDITEURS A PARIS

15, Rue Richepance et 25, Boulevard de la Madeleine

Si vous voulez être renseigné

Sur le Mouvement des Arts

ABONNEZ-VOUS

au

Bulletin

de la

Vie Artistique

BIMENSUEL ET ILLUSTRÉ

Le Numéro :	ABONNEMENTS :	
1 fr. 25	Un an	**24** francs
	Six mois	**12** —

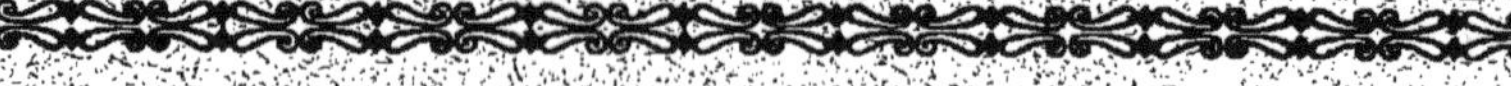

PARIS

L'ÉMANCIPATRICE (IMPRIMERIE COOPÉRATIVE)
3, Rue de Pondichéry, 3

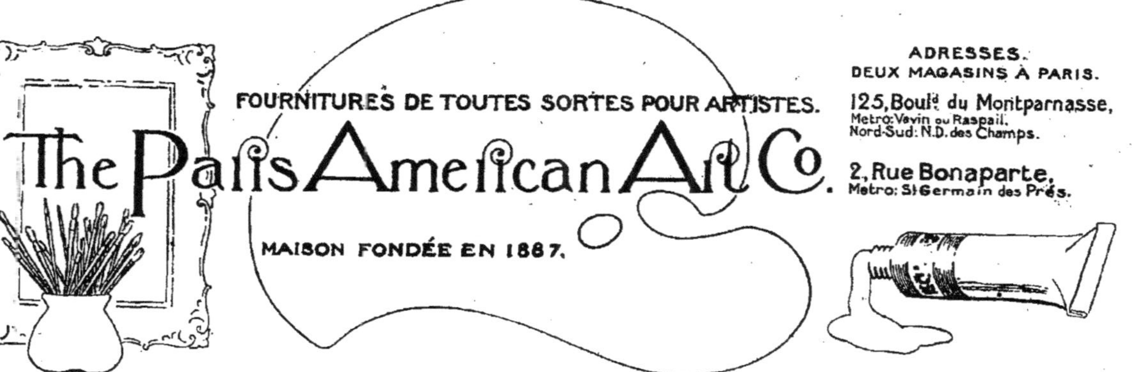

FOURNITURES DE TOUTES SORTES POUR ARTISTES.
The Paris American Art Co.
MAISON FONDÉE EN 1887.
ADRESSES.
DEUX MAGASINS À PARIS.
125, Bould du Montparnasse,
Metro: Vavin ou Raspail.
Nord-Sud: N.D. des Champs.
2, Rue Bonaparte,
Metro: St Germain des Prés.
Cadres de toutes dimensions toujours en magasin.